JN077771

新次元の
日本語教育の
理論と企画と実践

第二言語教育学と表現活動中心のアプローチ

西口光一

くろしお出版

目　次

第2章　新しい日本語教育実践の創造のための出発点①
　　　— 第二言語の習得促進要因の再考 — 41

イントロダクション

第3章　新しい日本語教育実践の創造のための出発点②
　　　— 習得対象としての日本語と日本語の習得 — 63

イントロダクション

はじめに

　日本語教育という分野が盛んになり始めたのは、わずか40年ほど前で、それまでは日本語教育はいかにも細々とした分野でした。それが今や、大学における各種の日本語教育や日本語学校における日本語教育にとどまらず、生活者のための日本語教育、就労外国人のための日本語教育、看護師・介護福祉士候補者のための日本語教育、外国にルーツを持つ児童・生徒のための日本語教育など分野も多岐にわたり、学習者や教授者も劇的に増え、日本語教育という分野は現在も引き続き拡大しつつあります。筆者自身は過去約40年にわたって外国出身学生に対する日本語教育に携わってきました。そして、この間の日本語教育と日本語教育学の発展に一人の当事者として関わり、またそれをずっと見守ってきました。

　日本語教育という仕事をしていながら、筆者の研究分野は日本語の研究ではありません。むしろ、応用言語学や第二言語習得研究などの方面です。また、それにあきたらず、認知心理学、文化心理学、文化人類学、発達心理学、社会学、言語哲学などの分野にも関心を向けて、第二言語の習得や教育に関連する示唆や洞察を得ようとしてきました。他方で、具体的にさまざまな日本語の教材を制作し出版する仕事もし、それぞれの教材の背後で想定されている言語についての考え方や言語の習得と習得支援についての考え方なども公表してきました。

　そんな筆者から見ると、現在の日本語教育の大勢は相変わらず広い意味での日本語そのものへの関心がひじょうに強いです。そして、入門から中級くらいまでの日本語教育に目を向けると、さまざまな教授活動が実施されてはいますが、結局のところは、文型・文法事項や語彙や漢字などの習得がねらいとされているようです。つまり、実際に日本語を教える人の仕事の重要部分は、文型・文法事項などの観点からであれ実用的なコミュニケーションの仕方の観点からであれ、学習事項として選ばれ教材に提示された個々の言語

事項を巧みに指導し習得させることとなっています。このような旧態依然の
パラダイムが、現在でも日本語教育の大勢を占めています。そして、そのよ
うなパラダイムの下での教育が有効に機能しないことが、非漢字系の学習者
が大部分を占めるようになった学校などで明らかになってきています。それ
以前の日本語教育の成果が中国語を母語とする学習者の漢字知識に基づく
「底上げ」の結果だったことが白日の下に晒されたわけです。

　日本語教育は過去40年で著しく拡大しましたが、相変わらず優れた成果
が見込めない古いパラダイムにしがみついています。そして、そのようなパ
ラダイムを乗り超えて、「このような教育を企画して、このような教材を制
作して、このような教育を実践すれば、優れた教育成果を上げることができ
る」という新たな見通しを描いて共有することが今でもできていません。本
書では、そうした古いパラダイムを乗り超えて新しい日本語教育実践を創造
するための入門から中級までの構想とそれに関連して日本語の習得と習得支
援の理論と原理について考えたいと思います。

　本書では、応用言語学や第二言語習得研究などの概論をするつもりはあり
ません。そのような本は他にたくさんあります。それよりもむしろ、新しい
日本語教育の構想を具体的に提示して、それに関わる形でさまざまな理論や
研究を提示します。それらは、長年日本語教育の実践に携わってきた筆者が
練り上げた構想の背後にある、一定の一貫性のある形にまとめ上げられた理
論と研究です。それらの総体は、日本語教育のための第二言語教育学となり
ます。教育実践者によるこのような第二言語教育学は日本語教育の企画と実
践の基盤となるべき重要な研究領域でありながら、先に言ったようにこれま
での日本語教育では日本語そのものへの関心が強すぎたために日本語教育者
の間ではほとんど議論されることがありませんでした。本書が日本語教育に
携わる各々の先生方が自身の教育実践や言語教育観やその背後にある言語観
や言語習得観などをクリティカルに振り返る機会となり、日本語教育の世界
でこうした第二言語教育学的な議論が活発に展開されるきっかけになること
ができれば幸いです。

　本書では、すでに日本語教育の経験がある方を主な読者として想定してい

ます。しかし、日本語教育を志望している大学生や大学院生の人たちにも、従来の日本語教育学にない視点で日本語の習得や習得支援を考えるということで、ひじょうに有益で刺激的なものになっていると思います。また、大学等で日本語教員の養成課程などを担当している方で第二言語教育学方面に必ずしも詳しくない方々にも有用な情報と観点を提供できると思います。もちろん、教員養成課程で第二言語習得論などの科目を設定して、同科目の教科書として活用することもできます。

プロローグ

新次元の日本語教育実践の創造に向けて
―即物主義の日本語教育からの脱却―

□ これまでの日本語教育の振り返り
日本語教育とは何か

　大部分の学習者は日本語ができるようになることを望んで日本語を勉強しています。そして、日本語教育というのは、そのような学習者を日本語ができるようにすることがそもそもの目的です。

　「日本語ができる」ことを「日本語で言語活動に従事することができる」ことと少し分析的に言い換えると、「日本語ができるようになる」こと、つまり**日本語が上達することは、より広範な言語活動や、より高度な言語活動に、より有効に従事できるようになること**となります。「言語活動に従事する」というのは、「話す」、「聞く」、「読む」、「書く」、「相互行為をする」などの言語活動のモードに関わりなく現実の言語活動として実際にそれができるということです。一方、専門職的な仕事としての教育というのは、計画的で組織的に行うものです。そうすると、日本語教育とは、学習者において日本語が上達するように計画的で組織的に支援する営みの総体となります。さらに、これに構想という視点を加えると、日本語教育とは、**学習者において日本語が上達するように学習と教授を有効に導くべく教育を企画し教材を準備して、そして、具体的にそのような教育を専門職としての教師が実践するという営みの総体**となります。

1

これまでの日本語教育の根本的な課題

　このように日本語教育は日本語の上達を計画的で組織的に支援することの総体であるにも関わらず、従来の日本語教育の営みではしばしば「日本語を教えること」に矮小化されてきました。そして、大部分の教師は、日本語教育とは「教科書で指定された文型・文法事項や語彙や漢字などを教えること」と考えて教育を実践してきました。そうした状況は本来的ではないと思っている人もいますが、現在の大勢に抗えないでいます。一方で、指導的な立場にある日本語教育者は、コミュニカティブ・アプローチのコースデザインの発想から、ニーズ分析に基づいて当該の学習者の日本語学習目的に合致したコースと教材を準備して教育を実施することを推奨します。しかし、そのようなことはそもそもそう簡単にできることではありませんし、仮にできたとしてもそこでは総合的な日本語力の着実な養成という観点が欠如しています。

　前者を構造的アプローチ、後者をニーズ分析的アプローチと呼ぶとして、両者は、前者が文型・文法事項や語彙などの言語事項に注目し、後者が実際の場面で行使される表現法や用語などに注目しているという点で異なります。しかし、日本語の習得と習得支援という観点から言うと、いずれも学習者が習得するべき内容をまず実体のあるモノとして捉えているという点で同じです。そして、そのようなスタンスで教育を企画し教材を用意すると、具体的な教授実践は避けがたく、教材で提示されている文型・文法事項や語彙などやコミュニケーションの表現法などをモノとして教えることとなります。日本語教育における**即物主義と呼ぶべき大きな課題**です。

　さらに言うと、従来の初級日本語教育における実際の教育実践ではそうしたモノの中でも文型・文法事項が特に注目されるわけですが、その場合に、最初は口頭で文型などの言語事項を導入し練習したとしても、やがて「その言語事項がまだ身についていない」と言って、言語事項の練習のためのコピーや教師作成のハンドアウトなどを用意して、紙の上での学習に移行してしまいます。その結果、そのような教材を学習者にさせてその後に答え合わせをしながら当該の言語事項について教師があれこれと注釈するというような活動が授業の大部分を占めることになります。そして、そのような授業実践をしていて、「学生たちは話せるようにならない」とか「日本語の運用能

力が身につかない」と嘆いているのです。即物主義のなれの果てです。

　現行の日本語教育のコンテクストがそのようであるために、多くの教師の関心はさまざまな言語事項を首尾よく教えられるようになることに集中します。そして、一人ひとりの教師は立派な**言語事項指導請負人**になろうと努力します。言語事項指導請負人になることが「プロの日本語教師」になることだと信じているのです。

　このような即物主義と「日本語教師＝言語事項指導請負人」というイメージが日本語教育に蔓延しています。そして、両者が相互作用を起こして逃れがたい悪循環になっています。これが現在の初級（基礎）日本語教育や中級日本語教育の状況です。そして、新たに教師になる人が養成課程や大学で新しい考え方や教育方法を学んだとしても、実際の教育現場に入ると、この悪循環にアリ地獄のように巻き込まれてしまうのです。

　筆者の長年の問題意識は、このような悪循環を断ち切って、**即物主義と言語事項指導請負人のイメージを超克して、言語の習得と習得支援について鋭敏な直感をもつ教師たちの協働によって優れた教育成果を出すことができる、新しい次元の日本語教育を企画し実践を創造する**ことです。

□ 新たな日本語教育実践の創造への道
日本語教育の再編

　悪循環を断ち切って新たな日本語教育実践を創造するためには、日本語教育とは**日本語の上達を計画的で組織的に支援すること**であるという原点に立ち返って、日本語教育を再編しなければなりません。単に新たな教材を制作してそれを提供するというのではなく、根本の部分から新たに日本語教育を構想しなければなりません。そして、授業はノルマを与えられて「何か」を教える時間ではなく、授業の時間こそが学習者における日本語の上達を促進する時間だと考えて教授実践を行わなければなりません。

　これまでの日本語教育では、教育の企画にあたって、即座に「何を教えるか」に関心が向けられました。この部分がさまざまな課題と矛盾を生み出す根本的な「ボタンの掛け違い」です。日本語教育という営みを日本語の上達を支援することと考える新たな日本語教育の構想では、まずはじめに、**学習者における日本語上達の基幹部分は何で、その基幹部分についてどのような**

道筋で無理なく日本語を上達させていくかを検討します。残念ながら、この部分について参考にできる研究は現在のところありませんので、各種の言語能力記述やカリキュラム策定のガイドラインや既存の教材などを参考にして、教育構想者が、一定の論理に基づいて、日本語上達の基幹部分を措定し、日本語上達の道筋を想定するほかありません。そして、そうした作業が一定程度できたら次に、想定された道筋に沿って学習者において日本語が上達することを支援できる教材を制作します。教材は、教師が授業をするための資料としてよりもむしろ、学習者がそれを活用して学習することで日本語力を伸ばすことができるリソースとして制作します。

　つまり、新たな日本語教育の構想では、**日本語を教えることを計画するのではなく**、**日本語が上達する道筋**を描き、学習者がそれを活用して**自力でもある程度日本語を上達させることができる教材**(リソース)を用意することに主眼が置かれます。このように企画され教材が整備された構想は、日本語を教える課程の計画というよりも、**日本語上達のエスカレータ**となります。

日本語上達のエスカレータと言葉の習得

　言うまでもないことですが、日本語の上達には言葉の習得が伴います。適度な言葉の増強がないと、日本語の上達はやがて限界を迎えます。しかし、従来の初級(基礎)日本語教育のように文型・文法事項や語彙などの言語事項の習得を主な関心とし、日本語の上達については二次的に関心を向けて授業での工夫で対応するという方法では着実に日本語力を伸ばしていくことはできません。日本語上達のエスカレータでは、日本語の上達と並行する形で言葉の増強を図ることを基本とします。つまり、文型・文法事項や語彙などを取り立ててあらかじめ教えるのではなく、日本語の上達に随伴する形で必要な語や言い回しや語彙や文型・文法事項の習得を促します。あくまで、日本語の上達が主で、言葉の習得は日本語の上達に伴って要請される要因ということで従となります。この点についてのさらなる議論は、第1章の第3節で行います。

　ちなみに、言語はさまざまな存在形態を見せるもので、そのさまざまな存在形態に十分に自覚的でないと、言語の習得や習得支援について緻密な議論をすることができません。本書では言語関係の各種の用語を以下のように用

いています。ここで整理して提示しておきます。

　ことば　　… 実際に行使されるあるいは行使された言語。
　言葉　　　… ことばの中に見出すことができる言語要素を広く一般に指
　　　　　　　す。本書の議論では、言葉は、**言葉遣い**と**言語事項**という
　　　　　　　2種類の存在形態で捉えられることになる。
　言葉遣い … 言語活動に直截に奉仕する言葉。その実際の現れは、単位に
　　　　　　　よって**語**や**言い回し**となる。言葉遣いは、実体であるような
　　　　　　　実体でないような存在である。言葉遣いは、一方で**ことばの**
　　　　　　　ジャンル(第4章の第1節と第2節)とつながり、もう一方で言
　　　　　　　語事項とつながる、非実体と実体の両面をもつ両性的な存在
　　　　　　　である(第4章の3-3)。
　言語事項 … 体系としての言語の要素となる**語彙や文型・文法事項**。言葉
　　　　　　　遣いを分析的に見ると、それは語彙や文型・文法事項などの
　　　　　　　言語事項で構成されているものとなる。

表現活動中心の日本語教育

　上のような理路に基づく新たな日本語教育の構想の例として、本書の第1章
では、自己表現活動中心の基礎日本語教育を紹介します。同教育は、表現活動
中心の日本語教育の基礎段階の教育として構想された日本語上達のエスカレー
タで、そのエスカレータは、テーマ表現活動中心の中級日本語教育という次の
エスカレータに接続します。そして、自己表現活動中心の基礎日本語教育も
テーマ表現活動中心の中級日本語教育も、本書で論じる言語観と言語習得観か
ら指針を得て、上で説明した言葉遣いを軸として構想されています。

日本語上達のエスカレータのもう一つの側面

　日本語上達のエスカレータの各ステップ(ユニット)は、そのステップの
テーマで学習者が日本語で言語活動に従事できるようになるためのフィール
ドです。そのフィールドでの活動に学習者は積極的で能動的に参加します。
そして、そのフィールドには教師もいて、日本語の学習を協力的に進める学
習者の共同体を形成するという面も配慮しながら、教授活動を通じて学習者

を強力に支援します。そのように**学習者が主体でありながらの教師による強力な習得支援**により、**学習者各々がユニットの目標を達成できるような教授活動**が第一に求められます。さらに、第5章で論じるように、教師には**ユニットの枠を超えた日本語習得のための教授活動**も期待されます。そして、それらのいずれの教授活動も、日本語の語や言い回しや語彙や文型・文法事項などの言語事項を教えることではなく、**学習者の中に日本語を育む教授活動**となります。教師は言語事項指導請負人として「日本語を教える」というスタンスから脱皮して、**日本語上達請負人として「日本語を育む」**というふうに**基本スタンスを変更**しなければなりません。

　第2章で論じるように、「日本語を育む」という視点では、授業の重要部分は**日本語習得のための養分を供給する活動**となります。教師の重要な役割は、日本語習得のための養分を供給したり補給したりすることと、学習者間での養分共有をコーディネートして促進することとなります。新たな日本語教育の構想では、そのようなスタンスで教育を実践することが期待されています。第二言語習得研究が示唆しているそうしたスタンスは、オーソドックスに日本語教育を実践している多くの教師がほとんど知る機会がない立場です。本書の主要部となる第2章以降では、日本語習得に資する教育実践として、**何が重要で主要なもので、何が副次的で補助的なものか**というテーマを含めて**日本語教育実践の根幹を見直す議論**をします。

□ 表現活動中心の日本語教育のねらいと理念 ── 声の獲得とつながる日本語

　日本語教育の研究者の間では「あなたはなぜ日本語を教えているのですか？」、「なぜ学生に日本語を学ばせているのですか？」という問いが時に投げかけられます。その背景には、日本語教育という仕事は単なる語学教育ではないだろうという見方と、日本語を教えるということが日本社会への適応を強制することになってはならないという自戒があるのではないかと思います。いずれにせよ、ここではそうした問いに対する、筆者としての一定の応えを提示しておきたいと思います。

　大学教育の一部として日本語教育を行う場合でも、日本語学校などで外国出身の若者を対象として日本語教育を行う場合でも、その活動は単なる語学教育ではなく、少なからず人間形成に関わる教育的な仕事だと言っていいで

しょう。ですから、そこでは、単なる語学教育を超えた**ねらいや理念**があって然るべきだと思います。

　人と人が対話に従事するとき、そこで行われていることは表面的には身体の動きを伴いながらのことばのやり取りです。そして、レストランで注文をしたり、ホテルでチェックインの手続きをしたりするような実用的なコミュニケーションではなく、**人とつながり交わるコミュニケーション**では、ことばのやり取りを通して、ただ意思疎通するのではなく、**人格と人格の交流**が行われます。そこでは、相手に対して「わたし」として責任のある発話と対話が行われるのです。ですから、そこで交わされることばは、単なる発話ではなく、発話の当事者として責任を負った**声（voice）**となります。表現活動中心の日本語教育では、単に日本語が上達するのではなく、**学習者が日本語で自身の声を獲得して、日本語を通してこれまで出会うことのなかったさまざまな人と出会い、つながり、交流して、一層豊かな人生**を送ってほしいと考えています。それが同教育のねらいで、同教育はそうしたねらいにつながり得るものとして構想しています。さらに、その上位にある理念は、**民主的で人々が対等でお互いを尊重する社会を作ることに貢献し、そうした社会の中で自身も複数の言語と文化を行き来して豊かな人生を送ることができる人を育てる**こととなります。広い意味で言うと、こうしたねらいや理念も表現活動中心の日本語教育の構想に含まれます。

　理念はちょっと大げさだとして、声の獲得というねらいは実際に教育を実践する人とぜひ共有したいと思っています。筆者のこれまでの経験と観察から言うと、同じように表現活動中心の日本語教育の下で教育を実践したとしても、声の獲得がねらいであると考えて教育を実践するのと、そのように意識しないで教育を実践するのとでは、実際の具体的な実践方法にかなり大きな違いが出てくるように思います。

□ 本書の目的
新しい日本語教育の創造のために
　本書の目的は、従来の日本語教育に代わる、優れた教育成果を上げ得る新しい日本語教育を創造する企てを前進させることです。優れた日本語教育を創造するためには、4つの柱が必要です。

（1）適切な言語活動領域の選択
（2）学習と習得支援のプラットホームとなり得る企画と適切な基本教材
（3）プラットホームの上での優れた学習と教育の実践
（4）企画と教材制作、学習と教育の実践を支える習得の原理

つまり、（4）の原理の上に、（1）から（3）までが相互促進的に実現されてこそ優れた教育が創造できるのです。そして、新たな教育の企画とそのための基本教材はすでに公表されていますので、目下の課題は、（3）を実現するために（4）を実際に教育を実践する教師と共有することとなります。

そのような目的を達成するために、本書では、提案されている教育企画と教育実践を支える教材を改めて紹介し、その教育企画と教材であらかじめ想定されていた学習者による第二言語習得の基本原理を確認するところから話を始めます。そして、続く各章では、本書の主要部として、期待される教育実践の方法と原理を考究します。また、それらの背後にある言語習得や日本語や言語そのものについての認識や考え方も探究します。

言語の習得と習得支援について語る言葉

本書にはもう一つの目的があります。それは、**言語の習得と習得支援について語る言葉や話し方を精緻化して提案**することです。これはそうしたテーマについてこれまでずっと論じてきた筆者自身が感じてきたことですが、日本語教育学の分野では言語の習得と習得支援について語る言葉や話し方がひじょうに脆弱で稚拙です。ですから、いろいろなテーマについて精密で実のある議論が日本語教育者の間で十分にできませんでした。そのような語る言葉や話し方を提案することも本書の副次的な目的となります。

□ **本書のアウトライン**

第1章は、第2章以降の主要部に入っていくための「入口」です。そこでは、主として自己表現活動中心の基礎日本語教育の構想について話します。そして、同教育を支える教材である『NEJ：テーマで学ぶ基礎日本語』（くろしお出版）の内容とその趣旨についても説明します。自己表現活動中心の基礎日本語教育は、新たに提案された中級にまで至る表現活動中心の日本語教

育の企画の基礎教育の部分です。その教育は、文型・文法事項積み上げの教育でもなく、行為を遂行する実用的なコミュニケーションの教育でもありません。自己表現活動ということを教育内容として、それをめぐるさまざまなテーマを一連のユニットに設定して、交友的なコミュニケーション力の養成をめざす教育です。語彙と文型・文法事項は、そうしたテーマの表現活動に織り込まれています。この章では、教材システムや想定されている第二言語習得の基本原理についても専門的な用語を用いないで説明しています。

本書の構成	
第1章	表現活動中心の日本語教育の基礎段階となる自己表現活動中心の基礎日本語教育の紹介
第2章 ｜ 第3章	日本語教育の再出発を図るための理論的な議論
第4章 ｜ 第6章	言語習得についての理論的な議論と教育実践の原理に関する議論
第7章	表現活動中心の日本語教育における文法への対応の仕方を中心とした文法指導をめぐる議論
終章	本書全体の鳥瞰図としてのまとめ

　第1章は、教育企画と教材として学習者に何を提供しているかという話です。それに対し、第2章以降は、新しい日本語教育の実践の創造に向けた広範な視野での根幹的な議論になります。

　表現活動中心の日本語教育の構想の背景には、同構想に基本枠を与えるさまざまな理論的及び実践的な認識があります。「新しい日本語教育実践の創造のための出発点」と題した第2章と第3章では、言語習得をめぐる基本的な視点と日本語の習得と習得支援という課題について根本的な再考をします。第2章では、「話すことあるいはその試みが言語習得を促進する」という常識的な考えを見直す契機として、受容重視のアプローチの諸見解について議論します。登場するのは Newmark and Reibel（ニューマークとレイベル）と Krashen（クラシェン）です。Newmark and Reibel では、「実際の使用の中にある言語の実例」という視点に注目します。そして、Krashen の見解におおむね沿う形で「話すことは習得の結果であって、原因ではない」という主張を柱として、「話すことあるいはその試みは習得にあまり役に立たない。むしろ受容活動のほうが重要である」、そして「受容中心となるが実際

の言語活動に学習者に豊富に従事させることが言語習得を促進する」という筆者の基本的な言語習得観を提示します。

続く第3章では、習得対象となる日本語という言語の特質について改めて検討します。「日本語に文法はあるか」という最も根本的な質問からスタートし、習得対象の日本語という言語についてどういう部分に注目して教育の企画と実践を行うのが適当であるかを考えます。そして、基礎日本語教育の教材『NEJ：テーマで学ぶ基礎日本語』のユニット3の冒頭部を例として、1つのユニットにおける日本語習得の重要部分である模倣による初期的な言葉遣いの蓄えと、借用と流用による言葉遣いの蓄えの増強と補強の話をします。

第4章から第6章では、新たな日本語教育の構想のための言語理論と第二言語習得と教育実践の原理を論じます。同構想のすべての部分はこれらの章の議論を基盤としています。

新たな日本語教育の構想の中心には、ことばのジャンルを中軸的な視座とするバフチンの対話原理があります。第4章では、バフチンの対話原理とそこから敷衍される第二言語習得の原理を中心に論じます。はじめに、ことばのジャンルという視点やことばのジャンルというものの性質などについて説明します。次に、第二言語教育において言語というものをどのように取り扱わなければならないかという重要な問題について慎重に検討します。そして、言語促進活動という視点を提示します。この3つの節が本書の理論的な中核となります。さらに、言語促進活動に関連して、対話原理の中の能動的応答的理解という視点の重要性についても論じます。そうした上で、本書で採り上げた表現活動中心の日本語教育に関して、改めて、ユニットの目標を達成するための集中的な習得支援について論じます。

続く第5章では、前章で論じた言語理論と第二言語習得の原理を踏まえて、ユニットの枠を超えて日本語の上達を促進するための総集的な習得支援について論じます。そして、言語を育成しようとするすべての試みは対話的交流の脈絡で行わなければならないことを指摘します。最後に、表現活動中心の日本語教育における日本語習得のスキームが集中的な習得支援と総集的な習得支援が折り重なった二層構造のスキームになっていることを指摘して、第4章と第5章の議論の結びとします。

第6章では、関心を基礎（初級）後半や中級段階の教育に移して、学習者に

よる産出活動を主題として論じ、その議論と連動した形で進んだ段階の習得支援について検討します。そして、学習者による産出活動を有効に実践するためには、話すことのレディネスを整えることと、適切な仕掛けと働きかけが必要であることを指摘します。そうした上で、基礎段階と中級段階における習得支援の構成の違いについて整理します。

　次の第7章では、表現活動中心の日本語教育における文法の扱い方について話します。ここでの議論の焦点は「そもそも日本語における文法とは何か」です。そして、学習者からの質問の例も挙げて検討した結果、「日本語の文法とは語法である」という結論に至ります。次に、「文法を教えるか、日本語と文法を育成するか」というテーマについて検討し、表現活動中心の日本語教育では、文法（語法）を取り立てて教えるということはせず、むしろ、言葉遣いの蓄えや言葉遣いの豊富化の活動を通して言葉遣いを習得し言語事項に習熟することが、そうした知識を育成するという立場を提示します。ただし、そのようなスタンスで教育を実践した場合でも、やはり学習者からの文法（語法）についての質問は時にあります。そのような場合の指導法として、当該の文法（語法）を説明して理解させるのではなく、そのポイントに関してその学習段階の学習者に役に立つように助言し誘導するという方法を提案します。そして、学習者から出てくるさまざまな質問に対して適切な助言を行うためには、教師は、言語活動についての豊富な経験と、さまざまな条件での言葉遣い等についての半自覚的な知識、及び日本語の構成法についての体系的な知識を有するとともに、学習者の話し方や書き方とその発達の経路についての知識なども求められることを指摘します。

　終章では、実際に教育を実践する教師の関心である教室での第二言語の習得と習得支援について、第2章以降の議論をまとめます。また、そうした見解の背後にある言語観と言語習得観も整理して提示します。終章は、本書全体の鳥瞰的なまとめとなりますので、終章を参照しつつ各章を読み進めるというのも一つの読み方です。

凡　例

Ⓐ から Ⓩ の箇条書きについて

　本書では随所に特定のテーマの下での箇条書き部分があります。それらには A から Z の記号を付し、テーマも表示しています。それらは本文の一部ですが、独立の事項としても注目してほしいという趣旨で、そのようにしています。

物の見方

　本文での議論を補足したり補充したり関連づけたりするために、「物の見方」というコラムを設けています。「物の見方」では、本文での主張が一層鮮明になるようにわかりやすい語り口を心がけています。

第1章

新たな日本語教育の構想
― 自己表現活動中心の基礎日本語教育 ―

イントロダクション

　日本語教育ということを、日本語の文型・文法事項や語彙や漢字などを教えるというふうに即物的に規定するのは適当ではありません。日本語の教師の仕事は、ただ文型・文法事項などの言語事項の指導を請け負うことではありません。日本語教育というのは、学習者が日本語ができるようになることが目的で、教師たちが協働してそうなるように学習者を総合的に導き支援することです。そして、そのようなことを組織的に成功裏に行うためには、そうした教育実践を導くための仕掛け、つまり工夫された教育企画と教材が必要です。

　本章では、入門から中級までの表現活動中心の日本語教育の前半部となる自己表現活動中心の基礎日本語教育について話します。構想の手順に沿って、基本構想、企画と教材、第二言語習得の基本原理、授業の役割の順で論じます[1]。さらに、教育企画についての Widdowson（ウィドウソン）の議論を参照しつつ、表現活動中心の日本語教育の意味を改めて確認します。

1　新たに習得しようとしている言語を本書では第二言語と呼んでいます。外国語でもいいのですが、研究では一般に第二言語という用語が使用されているので、それに準じました。

1. 基本構想

1-1 大学における日本語教育

　人が従事する言語活動は限りなく多種多様でその領域は宏大で無辺です。日本語プログラムでそうした言語活動のすべてを扱うことは到底できません。しかし、他方で、日本語プログラムの中で、学習者が将来従事すると予想されるさまざまな言語活動を抽出して、それを教育内容とするというのもあまりにも短絡的でしょう。新たな日本語教育の構想の第一歩は、そのような捕捉しがたい言語活動から**教育の領域として重要で扱う価値があると見られる部分を絞り込み、教育の目標としてどのような方面のどのような言語活動に従事できる日本語ユーザーを育てたいか**を検討することとなります。

　そのような観点で考えると、大学における総合日本語コースの目標として、日本での生活で生じるさまざまな実際的なコミュニケーション場面でうまく行為を遂行することができる日本語ユーザーを育てるというのは、どうもふさわしくないと思われます。それよりもむしろ、**高等教育を受けている大学生としてふさわしい知的な言語活動ができる日本語ユーザーを育てる**という方向のほうが適切だと判断されます。大学進学予備教育として日本語教育を行っている日本語学校の課程もそれに準じて考えてよいと思います。

　ここに言う知的な言語活動というのは、特段に知的な言語活動というわけではなく、すでに身につけている知識や教養を背景として、わかりやすく話をしたり、理路整然と話したり、説得的に議論を展開したり、パワーポイントを作成してプレゼンテーションをしたり、自身の興味・関心の方面の本や記事を読んだりテレビ番組を視聴したりするなど、教養ある人としての通常の言語活動のことです。現在では、IT を活用した情報収集や情報発信などの活動も含まれるでしょう。そして、そうした言語活動に従事できるようになることが最終目標であるとして、それらができる水準に至る前段階の教育目標としては、簡略に言うと、**表現方法をやや抑制した範囲で一般的なテーマに関する知的な言語活動に従事できる日本語ユーザーを育てる**こととなります。それは、日本語能力の水準で言うと、日本語能力試験の N3、あるい

は CEFR の B2.1 をめざした日本語教育となります[2]。そして、そのような知的な言語技量[3]は、**特定のテーマが設定された、内容のある一連の言語活動に従事することを通して最も有効に育成**できると判断されます。

1-2　表現活動中心の日本語教育と自己表現活動中心の基礎日本語教育

　そのような教育構想では、伝統的な日本語教育のように文型・文法事項が主要な教育領域にはなりませんし、コミュニカティブ・アプローチのように各種の実用的なコミュニケーションの仕方が主要な教育内容になることもありません。その構想では、**テーマをめぐる表現活動が基幹的な教育領域**として注目されます。そうした日本語教育を**表現活動中心の日本語教育**と呼びます。表現活動というのは、実は、「文型・文法事項か、コミュニケーションか」というこれまで行われてきた二者択一の議論の間で見落とされてきた領域です。そして、表現活動のための日本語技量こそが、**文型・文法事項などの知識を内包し、実用的なコミュニケーションの基礎にもなり得る基幹的な日本語技量**だと見られるのです[4]。

　表現活動中心の日本語教育では最終的にさまざまな知的なテーマをめぐる表現活動に従事可能な日本語技量の習得に至るわけですが、一足飛びにそこ

2　CEFR の B2.1 の内容すべてを目標とするわけではありません。CEFR で挙げられている 25 の言語活動のうちで、「一人で長く話す：経験を話す（Sustained Monologue: Describing experience）」と「一人で長く話す：論を展開する（Sustained Monologue: Putting a case）」と「創作（Creative Writing）」を中心に、そこからの広がりとして「大勢の人に向かって話す（Addressing Audiences）」や「レポートとエッセイ（Reports and Essays）」などの関連の言語活動を扱うことになります。CEFR とは、"Common European Framework of Reference for Languages" の略で、第二言語教育の企画や評価などにおいて現在世界的に最も広く利用されている教育目標と教育内容の共通参照枠です。詳しくは、Council of Europe（2001）や奥村他編（2016）を参照してください。

3　言語技量（language capacity あるいは communicative capacity）は、Widdowson（1983）が提案した用語です。言語技量とは、言語の慣習とその行使法についての知識を活用して、類型に収まってしまうのでない形で言語活動に従事する能力であり、それはコンピテンスによって規定されるわけではありませんが、コンピテンスに参照点を置いて機能するものです（Widdowson, 1983, p. 11）。本書でも、コミュニカティブ・コンピテンス（第 2 章の第 1 節の中の H、p. 44）を超える重要な視点として言語技量を用いています。

4　この見解については現在のところ理論的な議論をしたり、実証的な証拠を提示したりする用意はありません。ただ、筆者はこれまで自己表現活動中心の基礎日本語教育の集中コース（現在の授業時間は計 315 時間か 360 時間と学期によって異なる。対象は大学院進学予定者）を担当してきましたが、同コースを成功裏に修了した学習者たちがその後の大学院生としての生活を通して実用的なコミュニケーション力も含めて日本語力をさらに伸ばしていることはしばしば観察されています。

をめざすことはできません。そこに至る前段階として基礎的なテーマをめぐる基礎的な技量を養成する段階が設定されます。それが、自己表現活動中心の基礎日本語教育です。つまり、表現活動中心の日本語教育（以降、終章を除いて、本文では表現活動の日本語教育とする）は、基礎段階の**自己表現活動中心の基礎日本語教育**（以降、終章を除いて、本文では自己表現の基礎日本語教育とする）と、進んだ段階の**テーマ表現活動中心の中級日本語教育**（以降、終章を除いて、本文ではテーマ表現の中級日本語教育とする）という大きく2つの段階に分けられます。図式的に示すと以下のようになります。

表現活動中心の日本語教育 ┬ **自己表現活動中心の基礎日本語教育**
　　　　　　　　　　　　└ **テーマ表現活動中心の中級日本語教育**

　そして、それらの教育を支える教材として、『NEJ：A New Approach to Elementary Japanese ―テーマで学ぶ基礎日本語』（くろしお出版、以降 NEJ と略記する）と、『NIJ：A New Approach to Intermediate Japanese ―テーマで学ぶ中級日本語』（くろしお出版、以降 NIJ と略記する）が、それぞれ用意されています。各々の教育内容については、巻末資料1（p. 172-175）と資料2（pp. 176-177）をご覧ください。

2. 企画と教材

2-1　企画

　自己表現の基礎日本語教育では、教育課程の終了時に、学習者がそれぞれの自己のさまざまな側面について話したり書いたりでき、相手の話を聞いて理解でき、また、そういうテーマで相互行為的に話すことができるようになることをめざします。つまり、**自己のさまざまな側面について、話し言葉と書き言葉の両様での、産出、受容、相互行為の言語活動ができるようになることを目標**とします。自己表現の基礎日本語教育は、コミュニカティブ・アプローチで注目されている実用的な目標を達成するコミュニケーション力に対して、人と交わってあれこれ話をする**交友的なコミュニケーション力の養**

成をめざす教育です[5]。

　そのような目標を達成するために、各ユニットでは自己表現についての特定のテーマを設定し、そのテーマでの言語活動に従事できるようになることをめざします。選定された自己表現についてのテーマは表1の通りです。教科書の中のユニットのタイトルも参考として出しています。この内容は、CEFR の資料や、これまでの日本語や英語の教材で扱われているテーマを参考にしましたが、最終的には、基礎段階の内容として重要と判断されたものを選定し、仮想的な日本語上達の経路として企画者である筆者が配列したものです。

表1　NEJ の各ユニットのタイトルとテーマ

ユニット	タイトル	テーマ
1	自己紹介	自己紹介をする
2	家族の紹介	家族を紹介する
3	好きな物・好きなこと	好きな物、好きなことを言う／好きな食べ物、スポーツ、音楽などを言う
4	わたしの一日	毎日の生活について話す
5	金曜日の夜	金曜日の夜の過ごし方について話す
6	外出	友人や家族などとのお出かけについて話す
7	誘う・すすめる・申し出る	人に物をすすめる／軽く誘う／誘う／積極的に誘う／申し出る
8	わたしの家族	家族について話す
9	わたしのしたいこと	希望や望みを言う／何かをしたことがあるかどうか言う
10	きまり	指示や注意を与える／するべきこととしてはいけないことを伝える／何かすることを頼む
11	いそがしい毎日とたいへんな仕事	義務や仕事を言う／してはいけないことを言う
12	気をつけること	望ましい行為を言う
13	毎日の生活	毎日の生活について順序立てて話す
14	わたしの楽しみ	趣味、好きなことについて話す

5　交友的なコミュニケーションについては K-12（アメリカやカナダで、幼稚園から高校卒業までの 13 年間の教育を指す）の外国語教育の企画でも注目されています（Hall, 2001）。また、『外国語学習のめやす』（国際文化フォーラム編, 2013）の実質的な内容は実際には交友的なコミュニケーションになっています。

15	わたしの将来	将来の希望、やりたいことについて話す
16	できること・できないこと	自分のできることや、食べられるものについて話す
17	プレゼント	あげたり、もらったりしたプレゼントについて話す
18	親切・手助け	親切にされたり、助けられたりしたことについて話す
19	訪問	人から聞いた話や、自分が見たものについて話す
20	ほめられたこと・しかられたこと	ほめられたり、しかられたりした経験について話す
21	しつけ(1)	兄弟に対する厳しいしつけや、自分に対するしつけへの反抗について話す
22	しつけ(2)	学校で受けた指導や、子どもの頃に親から受けたしつけについて話す
23	ひどい経験	大変な思いをした経験について話す
24	言語・地理・気候	自分の国のことについて話す
補足	新しい世界	新しい挑戦について話す、過去を振り返りながら話す

　自己表現の基礎日本語教育の企画をわかりやすく構図として説明すると、**各ユニットのテーマについて自分自身の話という「おはこ」(十八番)を作り**それを行使できるようになることを学習と教授の軸として、テーマをめぐる日本語を全般的に習得させるということです。学習者は各ユニットのテーマで**自分自身の話という日本語のレパートリーを作りそれを獲得しつつ**、総合的にテーマをめぐる日本語技量を伸ばしていくわけです。それは、**自分自身のことが話せるようになるということを着実に積み上げていく、達成感があり、以降の学習の意欲を高める学習経験**となります。

2-2　ナラティブ

　教育の企画だけで、即座に具体的な教育を実践することはできません。教育実践は、教育企画者が準備するにせよ授業実践をする教師が準備するにせよ、多かれ少なかれ教材によって支えられます。自己表現の基礎日本語教育では、同教育を支えるための中核的な教材をまず作成しました。それが**ナラティブ**(語り)です。ナラティブは以下のような指針の下に作成しています。

🄰 ナラティブ作成の指針

(1) ユニットを通して少数の登場人物だけが登場し、かれらがユニットの各テーマについて自分自身のことを語る。

(2) そのようなナラティブは一貫したものでなければならず、架空の登場人物であっても人格のある人物として見ることができるように作成する。

(3) テーマの段階性に応じて、新たに用いる主要な文型とその他の文法事項、及び語彙を調整する。つまり、一連のナラティブのテクストという手段によって、ナラティブの内容の段階的な展開と言語事項の段階的な習得を連動させる。

このような指針の下に作成されたのが NEJ の一連のナラティブです。そして、そのナラティブには巻末資料1で示されているようにトピック(C欄)、語彙・表現(D欄)、文型・文法事項(E欄)そしてその他の文法事項(F欄)が含まれています[6]。巻末資料3(pp. 178-179)として、NEJ のユニット3の最初の2つのナラティブを提示しました。

NEJ のナラティブは、3人の登場人物である「リさん」、「あきおさん」、「西山先生」(いずれも架空の人物)の自己についての一連の語りとなっています。それは**さまざまなテーマでの自己表現活動のカタログ**のようになっています。そのようなナラティブを**マスターテクスト**と呼びます。

学習者は、各ユニットでテーマについての登場人物のナラティブ(=マスターテクスト)を学習し、それを参考にして、そこから**言葉遣いを「盗み取って」自分自身のことについて語る**という形で日本語を習得していきます[7]。フランスの文芸理論家のジュリア・クリステヴァは、ことばのジャンルを中軸概念とするミハイル・バフチンの対話原理[8]の重要な一側面を抽出して、「どのようなテクストもさまざまな引用のモザイクとして形成され、テクストはすべて、もうひとつの別なテクストの吸収と変形にほかならない」

---

6 実際のナラティブについては、 NEJ の当該部分を直接ご覧ください。

7 言葉遣いは表現活動の日本語教育で想定されている言語習得の原理の中軸的な視点です。言葉遣いがどういうものでどのような性質をもつものか、それが言語習得でどのような位置を占めるかなどについては第4章の3-3で論じることとして、当面は言語行為や言語活動の表面に現れてそれに奉仕する語や言い回しと考えてください。

8 ことばのジャンルや対話原理については、第4章で論じます。

（クリステヴァ, 1983, p. 61）と言い、**テクスト相互連関性**という見方を提示しました。テクスト相互連関性の視点で言うと、**言語の習得というのはいずれ自身がテクストを制作する（話したり、書いたりする）ために、他者のテクストからさまざまな言葉遣いを領有し摂取し蓄えること**となります[9]。そして、そのようにして蓄えた言葉遣いの堆積は、テクストを制作するという産出モードだけでなく、受容や相互行為のモードも含めた言語活動に従事することを可能にします。自己表現の基礎日本語教育ではそのような経験の蓄積に基づく共通基盤的な日本語技量の育成をめざしています。学習者は1つのユニットで、**いずれそのテーマについて自分自身のテクストを制作したり受容や相互行為の言語活動に従事したりするということを一定程度意識しながら、つまりテクスト相互連関的な意識の下に、テーマの言語活動に関わるさまざまな言葉遣いをつかみ取って行使し、それを繰り返すことでさまざまな言葉遣いを摂取し蓄えていきます**。ナラティブを参照先として言葉遣いを領有し摂取するというこのような日本語習得の方略を**マスターテクスト・アプローチ**と呼んでいます。

2-3　教材システム

　自己表現の基礎日本語教育を支える教材 NEJ は、教師が授業をするための教材というよりは、むしろ、学習者が日本語を学ぶことを支えるリソースです。想定されている教材の主な役割は以下の通りです。

　　Ⓑ **自己表現活動中心の基礎日本語教育における教材の役割**
　　1.　**主な役割**
　　　（a）当該のユニットのテーマをめぐる自己表現活動のモデル（ナラティブ）
　　　　　を学習者に提示すること。
　　　（b）そのモデル（ナラティブ）が理解できるように必要十分な注釈とルビを

9　発達心理学や実践的学習論で "appropriation"（Newman, Griffin and Cole, 1989）という概念があります。「専有」、「占有」、「領有」、「収奪」、「私物化」、「内化」などいろいろに訳されています。"appropriation" とは、実際の活動の中で他者による記号（言語）や道具に媒介された行為を模倣して自身のものとして内化することです（ヴィゴツキー, 2001, pp. 299-300、西口, 2015a, pp. 145-147）。ただし、模倣して行為する試みそのものを指して "appropriation" と言う場合もあります。本書では、両者を区別して、前者を摂取と呼び、後者を領有と呼んでいます。つまり、領有を繰り返すことで、記号や道具に媒介された行為が摂取されるということになります。

　　　　提供すること。

　(c) 必要な範囲の文法説明を提供すること。

　(d) ユニットのテーマを表現するための語彙を広く紹介すること。

　(e) 進んだ文型のサマリーを提示すること。

2.　副次的な役割

　(f) その他の各種の補強学習のための素材を提供すること。

　(g) 文型や漢字など特定の言語的側面を焦点化したワークシートを提供すること。

　(h) その他、知識を整理するための資料や情報を提供すること。

　NEJ のユニットの各部とその役割は以下のようになっています。C と D で、後ろに示したアルファベットは上の B でのアルファベットに対応しています。

Ⓒ NEJ の主要部とその役割

　(1) Personal Narratives（全ユニット）–（a）と（b）

　(2) The Gist of Japanese Grammar（全ユニット）–（c）

　(3) Useful Expressions（ユニット 1-12）–（d）

　(4) Summary of the Main Grammar Points（ユニット 13-24）–（e）

　ユニットのテーマを表現するために最も重要な学習資材としてナラティブが提示されます。先に言ったように、ナラティブの主要な役割は当該の言語活動に従事するために必要と思われるさまざまな言葉遣いを例示し、領有に供することです。そのような学習が容易になるように、ナラティブのテクストにはルビが振られ、新しい語彙やフレーズや文法には注釈（英語版は英語、中国語版は中国語、ベトナム語版はベトナム語）が付されています。また、ユニット 8 以降では、学習の便宜のためにルビ・注釈付きテクストとルビ・注釈なしテクストが左右ページ対応で提示されています。ナラティブの理解を補助するためのイラストも付いています。ナラティブのオーディオは、出版社のウェブサイトからダウンロードして利用することができます。

　The Gist of Japanese Grammar では、ナラティブに付いている注釈では説

明が十分に尽くせない文法などについて、それぞれの言語で解説をしています。Useful Expressions は、そのユニットのテーマで話をするためのカテゴリー別の総合語彙表です。学習者はこの総合語彙表を参照することで自身の事情に対応する言葉を見つけることができます。そして、Summary of the Main Grammar Points では、当該のユニットで主要な文型になっているものについて、事項毎にそのナラティブでの使用例がすべて列挙されています。

　NEJ には、その他の補助的な学習資材として以下のようなものが用意されています。

　Ⓓ NEJ の補助的な学習資材とその役割
　　（1）Pronunciation Practice（ユニット 1-6）－（f）
　　（2）Verb Inflection（ユニット 8-12）－（f）
　　（3）Additional Practice（ユニット 8 と 10 と 11）－（f）
　　（4）Review of the Basic Kanji（vol. 2 の別冊）－（f）
　　（5）Grammar Practice Sheets（全ユニット、別冊）－（g）
　　（6）Writing Practice Sheets（全ユニット、別冊）－（g）
　　（7）各種の活用表や語彙索引・文法索引など－（h）

　物の見方①

　声の獲得としての第二言語の習得と教育

　　自己表現の基礎日本語教育ではテクスト相互連関性の原理に基づいて言語習得を進めることが期待されています。各ユニットで学習者がなすべき中心的なことは、ユニットの終わりには自身の話をすると思いながら、ナラティブを学習し、一定程度理解し、そこから言葉遣いを領有し摂取することです。そして、ユニットの最後には、ユニットのテーマで自身のことについてエッセイを書いて、他の学習者に自身の話をすることになります（図6、p. 127）。この一連の過程は、**新しい言葉で自己を紡ぎ出しつつ「わたしの声」を獲得する過程**となります。そして、そのときには、他の学習者も同じように各自の話をするわけですから、「他者の声」を聞いて理解することもユニットの重要な学習課題となります。

声（voice）とは、Holquist（ホルクィスト）の言うように「人格としての声であり、意識としての声」（speaking personality, speaking consciousness、Holquist, 1981, p.434、西口、2015a, p.57 と p.103）で、「わたしの声」というのは一生を通して常に構築の途上にあるその人の**自己**（self）そのものです。このように、自己表現の基礎日本語教育の本質は、プロローグでも言及したように、学習者各自が「わたしの声」を獲得するための日本語の学習と教育です。

3. 第二言語習得の基本原理

3-1 言葉遣いを蓄える日本語教育

　自己表現の基礎日本語教育では、言語技量を従来の「話す」「聞く」「読む」「書く」のように4つの言語技能に分けて考えません。むしろ、さまざまな言語活動従事に直接に関与するのは**言葉遣い**で、その蓄えがさまざまなモードのさまざまな言語活動従事を可能にすると考えます。

　前節で説明した教育企画の下に行われる各ユニットの学習と教授では、**ナラティブを基にし、その他の学習資材も適宜に活用しながら、テクスト相互連関性の原理に基づいて各種の言葉遣いについて領有を繰り返してそれを摂取し蓄える学習と習得と習得支援**が行われます。言葉遣いなくしては言語活動に従事することができないわけですから、基礎段階の日本語習得の行程の**重要部分は言葉遣いの蓄えを形成すること**となります。

　従来の初級（基礎）日本語教育では、そのような言葉遣いの蓄えの代わりに、文型・文法事項や基礎語彙が取り立てて教育課程に配列され、それらの習得を積み重ねることが日本語力の基礎を形成すると考えられていました [10]。しかし、その方法では基礎的な日本語力を十分に育成することはできませんでした。

　自己表現の基礎日本語教育では、言葉遣いを中軸として日本語の習得が企画されています。同教育の主要教材であるナラティブの中に現れて言語活動

10　従来の日本語教育の企画では、最初の学習段階は初級段階と呼ばれてきました。表現活動の日本語教育では、日本語の基礎力を身につけることをめざすことから、むしろ基礎段階と呼んでいます。こうした点を想起していただくために必要に応じて「初級（基礎）」や「基礎（初級）」のように括弧書きを追加しています。

の運営に奉仕する各々の言葉遣いは、「〜です」という最も簡潔な2語であったり、複数の言語事項が特定の形に構造化されたものであったりです。つまり、**語彙や文型・文法事項などの言語事項が発話として構造化されたものが言葉遣い**だということです。ですから、言語活動で行使される言葉遣いのバラエティをうまく調整することができれば、学習者は**各種の言語活動の運営に奉仕する言葉遣いを摂取して蓄える**とともに、**語彙や文型・文法事項などを段階的に習得**することができます。ユニットの進行とそのような言葉遣いの蓄えと語彙や文型・文法事項などの習得の状況を模式的に示すと図1のようになります。若葉マーク形の矢印は各々ユニットを、そしてナラティブから上に向かっているねじれた矢印はナラティブからさまざまな言葉遣いを領有して摂取することを示しています。そして、「言葉遣いの蓄え」の後ろの〈　〉書きは、言葉遣いの蓄えができれば自ずと語彙や文型・文法事項などの言語事項も習得されることを示しています。

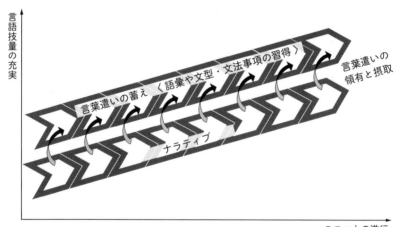

図1　ユニットの進行と言葉遣いの領有と摂取

3-2　言葉遣いの心内化

　本項では言葉遣いの心内化ということを説明し、その視点で言葉遣いの領有と摂取や言葉遣いの蓄えについて話します。

「蚕食する」という言葉を聞いたことがあるでしょうか。食欲旺盛なカイコが桑の葉をムシャムシャと食べていくイメージです[11]。前項の話を一部繰り返すようになりますが、学習者には、そのように、日本語を「蚕食」させてあげなければなりません。つまり、わかる言語活動に豊富に従事させ、さまざまな言葉遣いをムシャムシャと食べられるようにするのです。言語は、そのシステムを要素に分解して、つまり言語事項を抽出して、それを一つずつ取り上げて、理解して練習して順次に身につけるという形で習得することはできません。むしろ、多様な言葉遣いが混在する環境で、学習者が有する認知的な能力にも依拠しながら、**さまざまな言葉遣いを同時並行的に何度も何度も「食べる」ことでようやく言語の習得は達成**されます。自己表現の基礎日本語教育の各ユニットは、学習者が日本語を「蚕食する」フィールドだと喩えていいでしょう。そして、個々の言葉遣いについて言うと、そのように「蚕食する」中で、テクスト相互連関的に領有して繰り返し経験することを通して摂取して自分のものにすることとなります。

　言葉遣いについてのそのような過程を本書では**心内化**[12]と言います。つまり、ナラティブに基づくテクスト相互連関的な模倣の活動や、そこから言葉遣いを借用して発話することや、発話の試みの最中に介助やフィードバックを得てそれを流用して発話を完遂することなどは観察可能な外面的な現象で、その背後で起こっている摂取的な心理言語過程が心内化となります[13]。そうした心内化の過程が繰り返し行われることで言葉遣いは摂取されます。しかし、学習者は実体としての言葉遣いを心内化するのではありません。むしろ、**具体的な言語活動従事経験を言葉遣いに仮託して、パイの生地を重ねていくようにことば的経験の心内化を進める**のです。そのような心内化の過程によってこそ言葉遣いは後の言語活動従事の契機でリソースとなるべく摂取されるのです。そして、上でも話したように、一つひとつの言葉遣いを取り立てて集中的にそうしたことを試みるのではなく、**さまざまな言葉遣いについて同時並行的にそのような心内化を促す習得支援を行うことが重要です**。

11　ただし、一般にはそのようなイメージから、「勢力のある集団が他の領地をじわじわと侵略していく」という意味で使われています。

12　ヴィゴツキー心理学の重要なキー概念である "vrashvanie" をここでは心内化と呼んでいます。心内化という訳語とその概念については、西本(2007)を参照してください。

13　フィードバックについては、大関編著(2015)が参考になります。

3-3 言葉遣いを蓄えることと「分からない」問題

　授業中の学習者は、授業として展開されている言語活動で何が行われ、ど
んなことが話され、そこで何が言及されているかはわかる必要があります。
そうでないと、さっぱりわからないということになります。認知的な能力に
基づくこのような「わかる」をここでは**ことば的出来事がわかる**と言うこと
にします。NEJのナラティブは、ユニットのテーマについての登場人物の
話です。授業では、ナラティブの各発話に対応するイラストによるパワーポ
イントを用意して、それを提示しながら出来事を徐々に充実させていきま
す[14]。そのようにすることで、ことば的出来事がわかって経験することを確
保しようとします。学習者の中には、ナラティブに出てくる日本語や教師が
話す日本語を、助詞などを含めて一言一句「分かりたい」という姿勢の人も
います。自己表現の基礎日本語教育では、学習者のそのような姿勢は抑制さ
れ、**ことば的出来事を経験する**ことに**学習者を集中**させます。そして、こと
ば的出来事がわかる経験を積み重ねたら、次に、模倣練習やシャドーイング
練習など言葉遣いを摂取するための学習活動に移ります[15]。このあたりの事
情を、以下、例を挙げて説明します。例1は、NEJのユニット3の最初の
ナラティブの冒頭です。

例1　ユニット3のA1（リさん）の冒頭

　　　　　　　　　　everyday　breakfast　　　を indicates object of the action.
　　　　　　　　　　　　　　　　　　　　　　　↑ eat
わたしは、毎日、朝ごはんを食べます。
　　　　　　まいにち　あさ　　　　　た
Watashi wa, mainichi, asagohaN o tabemasu.

always　　bread
いつもパンを食べます。
　　　　　　　　　た
Itsumo paN o tabemasu.

　　　　　　　　　　が indicates object of preferences（好きです）, skills（できます,上手です）, etc.
　　　　　　　　　　↑ like
わたしは、パンが好きです。
　　　　　　　　　　す
Watashi wa, paN ga sukidesu.

西口（2012a,『NEJ vol. 1』p. 32）

14　これをPPTカミシバイと呼んでいます。具体的な方法については、第3章の3-2をご覧くだ
　　さい。

15　本書では、学習者におけるそのような言語事項に注目しての理解不能に限定して、漢字仮名
　　交じりで「分かる／分からない」としています。それ以外のケースはすべて「わかる／わから
　　ない」としています。

英語話者を考えた場合、「食べます」も「好きです」も "eat" と "like" というふうに英語のカテゴリーとしては他動詞になります。ですから、「朝ごはんを食べます。(いつも)パンを食べます」ときたら、学習者は「他動詞の目的語は『名詞＋を』というふうに示すのか！」と考えます。もちろん、こんなふうに文法用語を用いて考えるわけではありません。そのようにぼんやりと類推するわけです。そして、次に、「わたしは、パン…」とくると、「ああ、I like bread だ！」と推測します。ところが、日本語のほうは「(わたしは、)パンが好きです」となります。そうすると、当然、学習者は「えっ！『パンを好きです』じゃないの？」と疑問をもちます。「分からない問題」が生じたわけです。しかし、ここでそのような疑問をもって引っかかっていてはいけないのです。この学習者の場合、ことば的出来事は十分にわかっているわけですから、注釈にあるように「『を』は行為の対象を示し、『が』は好みや技能などの対象を示します」くらいの説明をして、ことば的出来事をしっかりと経験して言葉遣いを摂取する学習活動に進まなければなりません。言葉遣いを摂取して蓄えることこそが日本語の習得であるわけですから。

　次の例2を見てください。NEJ のユニット6のナラティブからの例です。

例2　ユニット6の1（リさん）の第2パラグラフの冒頭

> 　ショッピングモールには、人がたくさんいました。そして、いろいろな店がありました。

西口（2012a,『NEJ vol. 1』p. 86）

　土曜日に友だちといっしょにショッピングモールに行った「リさん」は、そこでたくさんの人といろいろな店を目にします。人々の喧騒と店の賑わいも目撃したことでしょう。それを話した一節が例2です。この部分の「リさん」の経験は、英語では "There were / I found a lot of people and shops and restaurants in the mall." と一気に言うことができます。しかし、日本語ではそのようにひとまとまりのこととして経験できず、2つのこととして経験することになります。パワーポイントでも2つのスライドでそれらの経験を提示します。そして、そのような経験の仕方の上で「リさん」は、「人が(たくさん)いました」と「いろいろな店がありました」と言っているわけです。これは日本語がよくできる「リさん」による**経験の自然な言語化**です。

学習者によっては「"There were ..."と人も店もいっしょに言ってしまったらいいのに、日本語はなぜ分けて言うの？」と聞く人もいます。ここでも「分からない問題」が起こったわけです。そんな学習者には、「人も店もいっしょくたに"there were ..."と言ってしまうことこそ、変だよ」とも言いたくなります。しかし、そこのところはぐっとこらえて、あっさりと「これは日本語です。英語ではありません。日本語を勉強しましょう」と言います。もちろん、同趣旨のことを利用可能な媒介語で伝えてもかまいません。いずれにせよ、こういう学習者への対応は例1の場合と同様で、学習者のこうした関心には留意しますが取り合わずに、2つのことば的出来事を各々経験させて、言葉遣いを領有して、それぞれの部分を、そして両者を続けて、そのまま一気に言えるように指導します。この例は、言語によって、そもそもの出来事の経験の仕方が異なることを示しています。個々の発話、つまり実際の言語の行使は、そうした独自の経験の仕方と重なる形で行われるのです。頭の中で言うことを考えて、それからそれを言語化するというふうにしているわけではありません [16]。

3-4　模倣による言葉遣いの摂取と言語事項の習得

　一般的に言って、第二言語を習得しようとする場合には、**目標言語のユーザーによる世界の経験の仕方と言語化に身を委ねる**という姿勢がひじょうに重要です。目標言語ユーザーの話し方を聞いて、その経験の仕方と言語化に身を委ねて、その**経験の仕方と言語化を模倣して言葉遣いを摂取する**ことが**言語習得の基本**です。そうした考えに基づいて自己表現の基礎日本語教育の教授活動では、出来事に関わる人や物についての言葉（いわゆる名詞）や行為や活動や様態についての言葉（いわゆる動詞、形容詞、副詞）などの**内容語**をイラストや動作などの提示によって一定程度理解し、その上で出来事の流れと媒介語による注釈によって文型・文法事項の概略を知り、ことば的出来事の全体がおおむねわかったら、文型の意味・用法や文法事項の意味などはそ

16　著名な言語学者であるSlobin（スロービン）は次のように言っています。「世界が『事象』を開示してくれて、それが後に言語にコード化されるのではない。むしろ、話すとか書くなどの過程を通して、体験は言語というフィルターを通してことば化された事象（verbal event）となるのである。」（Slobin, 2000, pp. 97-98、筆者訳、括弧内は原文の英語）。この点についてのさらなる議論は、第4章の第1節で行います。

れ以上詮索しないようにします。そして、それ以降は、**登場人物の経験の仕方と言語化に身を委ねてそれらをなぞるように言葉遣いをそのまま摂取する**ということです。要点を箇条書きで示すと、以下のようになります。

（1）一定程度理解した言葉を足がかりとして、話されている出来事の展開として現下のことば的出来事を知る。
（2）そのようにして知ったことば的出来事の日本語での示し方として言葉遣いを捕捉する。
（3）そのように捕捉した言葉遣いを現下のことば的出来事を示すものとしてそのまま領有し摂取する。
（4）言語事項は、言葉遣いの摂取と蓄えと並行して自ずと習得される。

　登場人物の経験の仕方や言語化に身を委ねることができない学習者はいつまでたっても、言語表現そのものに注目し、それを要素に分解して、いちいち翻訳をします。そして、日本語の表現法が自身の経験や言語化の仕方、つまり第一言語に基づく経験の仕方とうまく対応しないと、「これは一体何だろう」とか「これとこれはどう違うのだろう」とか「日本語は奇妙だ」などとばかり考えます。例1や例2で疑問が生じることは理解できますが、生じた疑問にこだわることはやめて、**登場人物の経験とその言語化に身を委ねて言葉遣いを模倣して摂取することに気持ちを集中させる**ことが重要です。
　一方、文法を重視する従来の教育方法に慣れ親しんでいる教師は、「文型・文法事項の概略を知り、ことば的出来事の全体がおおむねわかったら、文型の意味・用法や文法事項の意味などはそれ以上詮索しない」や「言語事項は、言葉遣いの摂取と蓄えと並行して自ずと習得される」などと言われると、教師としての仕事を奪われるような気になるかもしれません。しかし、注意深く読んでください。教師としての従来的な仕事の足場は奪っていますが、教師としての仕事や役割そのものを奪っているわけではありません。**教師としての立ち位置がシフト**したのです。従来のアプローチが文型・文法事項などを直接的に習得させようというアプローチだとすれば、マスターテクスト・アプローチは、**言葉遣いの領有と摂取と蓄えに主眼を置いて、文型・文法事項などはそれを通して間接的で副次的に習得させようというアプロー**

チです。

　これまで日本語の教師は個々の文型・文法事項を取り立てて教えるという直接的なアプローチを試みてきました。そして、その方向で大いに努力をしてきました。しかし、それでうまくいったでしょうか。あるいは、文型・文法事項に主眼を置いたアプローチで日本語の上達という結果を出すことができたでしょうか。さらに言うと、そのアプローチはそもそも日本語の上達という結果を出すことができるアプローチなのでしょうか。これらの問いは、すべての日本語の教師に向けられた問いです。筆者の教育現場では、一定の習得期間後の学習者の日本語パフォーマンス（話すことや書くこと）を見る限り、文型・文法事項に関しても間接的アプローチが功を奏していると見られます。

物の見方②

「分からない」問題と言葉遣いの蓄え

　端的に言って、相応の日本語技量がまだ身についていない段階で、自身の言語と日本語の間の表現法の違いや文法的なズレを「すっきりと分かる」ことは不可能です。ですから、教師はそこにかかずらわっていてはいけません。例えば、上の例1(p.26)の「を」と「が」の場合では、先に言ったような説明で当面の理解をして、次の学習活動に進むのが賢明です。学習者の中には「それなら、対象を『が』で示す述語を全部教えてください」と要求する人もいるかもしれませんが、「それは今は必要ありません。今は、このやり取りの流れでしっかりと言葉遣いを蓄えてください」と指導するのが適当です。

　そして、より重要なことは、「分からない」にこだわらないで言葉遣いの蓄えのための学習活動をしっかりやって首尾よく**当該の言語活動に従事するための日本語技量を身につけることができれば、実は「分からない」問題はほとんど問題でなくなる**という経験を学習者に積ませることです。そのためには、コース初期に、学習者に、**言葉遣いの蓄えを形成することに注力した学習方法で言語活動ができるようになったという成功体験**をさせることが重要です。肝心なのは、学習者の関心を「正しく

文が作れるようになること」から「ことば的出来事に対応する言葉遣い
を領有し摂取して言語活動がうまくできるようになること」に向け直す
ことです。いずれにせよ、この部分は、教師が学習者をうまい学習の姿
勢や方法に導いていけるかどうかの勝負どころです。

4. 声の獲得としての自己表現活動の授業

4-1 教育目標とユニットの学習

　自己表現の基礎日本語教育では、コースの終了時に、以下のような内容を
習得し、できるようになることを教育目標として設定しています。まずは、
教育目標の概要を箇条書きで示します。

　　🄴 **自己表現活動中心の基礎日本語教育の教育目標の概要**
　　(0) 自己表現活動の諸テーマを中心として、話すことと聞くこととやり取
　　　りの諸モードにわたる口頭日本語の基礎技量を養成する。
　　(1) (0)に関連する形で文型・文法事項と語彙を習得し、併せて日本語音
　　　声の基礎技能を習得する。
　　(2) 自己表現活動の諸テーマについて、語りとやり取りの両様で話すこと
　　　ができる。そして、一部漢字を使用した漢字仮名交じりでそれを書き
　　　綴ることができる。また、自己表現活動の諸テーマについて丁寧に話
　　　されたナラティブをおおむね理解することができ、活字で書かれた同
　　　様のテクストを未知の語彙部分を除いて理解することができる。
　　(3) 基礎以後の書記日本語学習のための基礎書記技能として、ひらがなと
　　　カタカナの認識と書記という基本技能を習得し、さらに指定の300
　　　字の漢字とそれらを含む既習の漢字語を認識することができる。そし
　　　て、それらを遅滞なく書写することができる。

　まず、(0)は、口頭日本語のモードとして記述した到達目標の概略です。
ここに言う自己表現活動の諸テーマというのは、表1(p.17)で示したNEJの
各ユニットのテーマです。そして、各テーマで表現できる内容は各ユニット
のナラティブで例示されている程度の内容となります。次に、(1)に言う文

型・文法事項と語彙は、ナラティブの中で使用されている文型・文法事項と語彙です。そうした知識と技能を基礎として、具体的にできるようになることが期待されている内容が(2)です。そして、(2)では、書記日本語に関する技量も記述されており、所期の口頭日本語技量の上に(3)の書記技能が加わることで、その書記日本語技量が達成されることとなります。教育の総括的評価は、(1)と(3)も一定程度点検しながら(2)について評価するのが適当です。そして、そうした教育目標を達成するための具体的な企画が、2-1のような内容となります。

　教育の企画は、単位の長さはどうあれ、コース全体をいくつかの部分に分けざるを得ません。コースの各部分では多かれ少なかれ独立的な目標が設定されながら、それぞれの部分はそこまでの学習で培った日本語技量を基礎として学習と教育が行われます。そして、各部分の目標はそれぞれで達成するべきものでありながら、各部分での学習と教育は総体としての日本語技量の向上に資するものでなければなりません。そのような発想で企画された自己表現の基礎日本語教育は、**各ユニットで「できるようになること」を各々達成し、一連のユニットで「できるようになることを積み重ねていくこと」によってコースのねらいである基礎的な日本語技量を養成**しようとする企画になっています。そして、後者の「できるようになることを積み重ねていくこと」は教育企画の方で仕組んでいますので、**具体的な教育実践において教師は各ユニットの目標を達成することに主な関心を置いて授業を行えばよい**ことになります。

4-2　教室という時空間

　自己表現の基礎日本語教育では、教室という時空間は言語事項を学ぶ場所でも、教室外の実用的なコミュニケーションを練習する場所でもなく、**教師と学習者そして学習者同士が出会い交流し対話する現実の時空間**となります。そして、その時空間に登場人物たちが現れて自身のことを語ることで、**教室の時空間と登場人物たちの背後に広がる時空間が交叉する場所**になります。図示すると以下のようになります。

図2　教室という時空間

　自己表現の基礎日本語教育の各ユニットでは、それぞれ特定のテーマが設定されています。**各ユニットの授業は、特定テーマについての日本語習得のための集中的な言語活動の時空間**となります。そして、そのテーマについての言語活動の時空間に登場人物が「わたしの話を聞いて！」というふうに学習者と教師の前に現れるわけです。そして、日本語がよくできる教師は、登場人物たちの語りに基づいてかれらを学習者に紹介する仲介者になります。これがユニットでの学習と教授の出発点です。そして、2-2で言ったように、学習者は自分自身の話という日本語のレパートリーを作りそれを行使できるようになることをめざして、登場人物たちのナラティブをマスターテクストとしてテーマをめぐる日本語を総合的に習得します。このように、各ユニットの授業は、**テーマについての日本語集中育成時空間**となります。

　この教育企画では、「誰でもみんな自分のことについて話したいだろう。自分のことを話す日本語を獲得したいだろう」ということ、及び「縁あって日本語の教室に集まった人たちはみんな適度にお互いについて関心をもって

おり、日本語を獲得する努力をお互いに応援し支援するだろう」という想定があります。あるいは、学習者がそのような気持ちになるように教師は導かなければなりません。教室は、「リさん」、「あきおさん」、「西山先生」という3人の登場人物についてかれらのことを知りつつ、学習者がみんなそれぞれ自己を表現し共有しながら、自己の声（物の見方①、p. 22）を獲得していく言語促進的な言語活動の時空間となります。

物の見方③

学習者が話すことについて

　本章の第3節では、日本語ユーザーの話し方を模倣する形での言葉遣いの蓄えを強調した話をしました。模倣による言葉遣いの蓄えは確かに重要ですが、テーマの言語技量を促進する活動はそればかりではありません。その他に、学習者は、話す試みとその最中に与えられる介助やフィードバックによって言語の習得を促進することができます。これを本書では言葉遣いの蓄えの増強と補強と呼び、模倣などによるものを初期的な言葉遣いの蓄えと呼んでいます。この2種類の言葉遣いの蓄えについては、第3章の第3節で改めて詳しく論じます。

　一般的に教師も学習者も、話すことあるいは話すことを試みることこそが第二言語を上達させると考えています。しかし、話すことは、実は、すでに習得した知識の適用です。話すことや話す試みをするためには当然相応の言葉があらかじめ用意されていなければなりません。相応の言葉の蓄えがないと、話す試みさえも成り立ちません。ですから、一般的に言って、学習者に**話すことや話す試みの機会を与えるのは、相応の言葉遣いの蓄えというレディネスができてから**が適当だということになります。

　入門や基礎の段階で、ユニット学習の当初から学習者に話させようとするのは適当ではありません。ユニット学習の終わり頃に予定通りに話せるようになっていればそれで教育目標は達成されたことになります。多くの教師の授業では、学習者に話させようとするのが性急になっています。

5. 言語活動中心の企画の意味

5-1 言語活動中心の企画

　イギリスの著名な応用言語学者 Widdowson は教育の企画について次のように言っています。

　　　　言語を中心とした活動になると、言語そのものが問題の焦点になって、活動はその言語に関する問題を解決しようとするものになります。他方、活動をめぐる形で言語を扱うようにすると、活動をうまく遂行するために言語が工夫されることになります。(Widdowson, 1984, p. 123、筆者訳、以下同様)

　言語事項を学習内容とした教育を企画すると、各ユニットの授業の主要な活動は、その言語事項を理解させる活動や、言語形式を変換する練習や、その言語事項の使い方の練習などとなります。それに対し、教育企画として各ユニットで**学習者が従事できるようになるべき言語活動の概略**を示すようにすれば、活動に従事する学習者は**活動をうまく遂行するために言語を工夫**するようになります。つまり、以下に Widdowson が言うように、言語への注目の仕方の順番を逆にしたほうがいいということです。

　　　　言語の扱い方に関して今までの仕方を逆転させたほうがいいと思います。すなわち、(言語構造としてであれ、概念としてであれ)**まず言語事項に焦点を当てて、その後にそれに付随してその言語事項の習得を促進する活動**を考えるよりも、むしろ、**最初に言語の偶有的な行使を喚起すると、それは必然的に自然な言語的操作に従事することが伴う**わけで、そういう**諸活動を計画**したほうがいいのかもしれません。(Widdowson, 1984, p. 123、太字強調は筆者、以下同様)

　ここに言う偶有的(contingent)というのは、重要な概念ですが日本語としては十分に熟していません。偶有的というのは、「結果から逆算すると必然的だが、事前的な条件から確定することはできない」という意味です。言語

の偶有的な行使というのは、わたしたちが普通に行っている言語行使の仕方
で、それは、言語活動の脈絡という一定の条件下にありますがそこには常に
偶然性が伴っています。つまり、現実世界でわたしたちが行っている発話は
予測不可能だが、事後的には特定の条件に基づく必然的な発話だということ
です。Widdowson の上の主張は、そのような**偶有性のある言語活動に学習
者を従事させないと、本当の言語活動従事にならない**ということです[17]。

　Widdowson は、上の議論に続いて、控えめに言いながらも重要なアイデ
アをさらに提出しています。

> 　研究するに値する可能性が一つあります。それは、教育課程において**各
> ユニットで設定する課題状況としての活動を構造シラバスで見られる構造
> の複雑さの階梯に沿うように編成する**ということです。（Widdowson, 1984,
> p. 123）

　つまり、偶有的な言語行使を伴う諸活動の階梯に、文型・文法事項の習得
の階梯を予期的に重ね合わせたらどうかという提案です。以上のように、
Widdowson の教育企画に関する提案は、**偶有的な言語行使を引き起こす活
動を各ユニットの教育目標として設定して、それに重なるように文型・文法
事項の習得を織り込んだ教育スキームの提案**になっています。

　自己表現の基礎日本語教育では、Widdowson のこの考え方に沿う形で教
育を企画しています。すなわち、教育課程を構成するユニットとして**テーマ
に基づく表現活動を段階的に計画**しています。「段階的に計画する」という

17　先の引用中の「言語構造としてであれ、概念としてであれ」で示されているように、
Widdowson の批判は文型・文法事項積み上げ方式のような構造的アプローチとコミュニカティ
ブ・アプローチの両方に向けられています。そして、どちらかというと、当時第二言語として
の英語教育などで盛んになってきたコミュニカティブ・アプローチへの警鐘として論じられて
います。つまり、Widdowson が批判しているのは、結局は教材で提示された実用的な表現を教
え覚えることだけになりがちな、ニーズ分析に基づくコースデザインと教材制作と教育実践で
す。そして、現在の日本における生活者のための日本語教育や就労者のための日本語教育など
の企画の発想は、Widdowson が 30 年以上前に批判した状況を未だに脱していない観がありま
す。詳しい議論は省略しますが、日本語教育を「人として人と関わって暮らし、そして仕事を
するための日本語の教育」と考えるなら、どのような学習者の場合でも自己表現の基礎日本語教
育が必要だと思います。関連で言っておくと、ニーズ分析のアプローチは、日本語が必要とさ
れる場面とそこで要求される日本語表現がいずれもひじょうに限定的な場合は、有効性を発揮
するでしょう。

のは「前のユニットまでの学習で育成された日本語技量を基盤としてスタートすれば一定程度従事することができる言語活動を順次に計画する」ということです。言ってみれば、**日本語上達の経路を仮定的に階梯状に想定して、それに基づいて教育を企画している**ということです。そして、同時に、日本語習得において一方の重要な側面である文型・文法事項の習得ということがその言語活動の階梯に沿って成し遂げられるように織り込まれています。

物の見方④

Wilkins（ウィルキンズ）の綜合的アプローチと分析的アプローチ

　ヨーロッパ評議会の外国語教育委員会の準備資料をまとめ直した1976年の本の第1章でWilkinsは綜合的アプローチと分析的アプローチということについて論じています（Wilkins, 1976, pp.1-14、邦訳 pp.3-18）。**綜合的アプローチ**(synthetic approach)というのは端的に言うと、従来の教育方法のように、文型・文法事項などに主眼を置き、それらの言語事項の知識を一つずつ積み上げるように習得していくアプローチです。そして、教材では学習する言語事項が厳密に制限されます。このアプローチの背後にはそのように積み上げられた個々の知識の総体が、言語活動を可能にするために必要な言語知識の全体となるはずだとの仮定があります。一方、**分析的アプローチ**(analytic approach)では、1つのユニットでまとまりのある言語活動として多様な言語構造が提示されます。学習者に課される課題は、それを参照して自身の言語パフォーマンスを目標言語の話し方や書き方に近づけることと、多様な要素が編み込まれた材料を分析しそこから重要な言語構造を抽出して習得することです。コミュニカティブ・アプローチの端緒となったWilkinsの議論では、従来的な綜合的アプローチから脱却して分析的アプローチに移行することが提案されました。

　Wilkinsは「領有する」とか「摂取する」という言葉は使っていませんが、分析的アプローチからは、言葉遣いや重要な言語構造を領有したり摂取したりするという本書で提唱しているのと同じテクスト相互連関性に基づく言語習得の原理を読み取ることができます。関連で言うと、学

習資材から言葉遣いや言語構造を領有して摂取するという学習方略を中心とした教育方略を Marton（1988）は、**再構成的方略**（reconstructive strategy）と呼んでいます。うまい命名だと思います。

5-2　言語活動中心の企画での工夫

　自己表現の基礎日本語教育の教育企画と教材制作では主要な文型・文法事項が系統的で段階的に習得できるようにマスターテクストとなるナラティブの作成において特段の意を払っています。つまり、ユニットのテーマの言語活動に従事するための重要な言語事項として、**テーマを表現するために必要な文型で構成された言葉遣いをナラティブに十分に織り込んでいます**（巻末資料1のE欄を参照）。要するに、そのユニットの学習終了時には、結果として文型も動員した形で言語活動に従事できるようにするという趣旨です。その他の文法事項についても同様の趣旨で、適切な時期にナラティブの中に織り込んでいます（巻末資料1のF欄を参照）。また、語彙も体系的に習得できるように企画され、**当該のテーマの言語活動に関連する重要な語彙はすべてナラティブの中に織り込まれています**（巻末資料1のC欄とD欄を参照）。ですから、学習者は、**ユニットのナラティブを理解し、各種の練習を通してそれに習熟しさえすれば、ユニットのテーマの言語活動に関連する文型・文法事項や語彙の基礎知識を形成することができる**ということです。

　表現活動中心の教育構想である自己表現の基礎日本語教育では、しばしば教師を悩ませる学習言語事項の指導から教師は解放されます。しかし、その代わりに、各ユニットで、**関連の言葉遣いを駆使しながらユニットのテーマについて言語活動に従事できる言語技量の発達を総合的に促進し支援するという責務**を担うことになります。表現活動の日本語教育では、日本語上達という課題を引き受けて努力すべき第一の者は学習者となります。そして、教師は、日本語上達のために努力する学習者を支援する立場になります。しかしながら、教師は支援者という立場ながら教師という責任ある者として、**ユニットの目標達成及びコース全体の目標達成の両面で、積極的かつ強力に支援を行って、所期の教育のねらいを達成**しなければなりません。

6. むすび ― 教育企画と教材から教育実践へ

　教育企画と教材は、日本語教育の実践という具体的な営みのための「舞台設定」と「舞台装置」です。そして、それらは学習者による学習活動と教師による教授活動の基本を方向づけます。本章では、この「舞台設定」と「舞台装置」について学習者に対して何が提供されているかということを中心に自己表現の基礎日本語教育について話をしてきました。そして、教師による教授活動については具体的にはあまり言及しませんでした。

　自己表現の基礎日本語教育を例として本章で説明したように、表現活動の日本語教育では、「舞台」が巧妙に設定され、「舞台装置」が巧みに整えられて、学習者が有効に日本語を学び習得するための「お膳立て」をしています。そして、学習者が各ユニットの目標を自覚して積極的に学習に取り組めば、自助努力でかなりの程度日本語が習得できる環境とリソースを提供しています。これが表現活動の日本語教育の構想の重要な特長です。次は、そのような「お膳立て」の上で、教師は何ができるか、何をするべきかなどを考えなければなりません。次章以降は、そうした教授活動の話になります[18]。

　教授活動を計画して実施するのは、教育の構想者ではなく、教材制作者でもなく、実際に学習者の前に立って教育を実践する一人ひとりの教師です。つまり、教育が企画され、教材が制作されて提供された後は、否応なく具体的な教育実践者である教師の世界になります。教育実践者の遠くにいる教育構想者は、一人ひとりの教師の授業計画や授業の実施に関して直接には何もすることができません。しかし、ユニットの教育目標を首尾よく達成するために、またコース全体の教育目標を着実に達成するために何が必要で何が重要かについての考えを伝えることはできます。次章以降は、そのような話です。議論の焦点は、上のような「舞台設定」と「舞台装置」があるとの前提で学習者を強力に支援して優れた教育成果を上げるための教育実践として、そもそも何が主要なもので、何が副次的で補助的なものか、という問題にな

18　本書の議論全体は、基幹的な日本語技量の中核となる口頭日本語技量の養成について行われます。口頭日本語技量の教育と連係した形での書記日本語技量の教育の内容と方法についても論じたかったのですが、紙幅の関係で口頭日本語技量の教育の議論だけに止めざるを得ませんでした。書記日本語技量の教育というテーマについては、いずれ機会を改めて論じたいと思います。教育構想と評価との関係も論じたかったのですが、今回は割愛しました。

ります。そして、主要なものの中にどのような教育実践があり、それがどのような習得段階でどのような貢献をするか、一方で、副次的で補助的な部分がどのような位置を占め、どのように対処するのが適当かなどについても検討します。次章以降は、日本語教育実践のあり方を根底から見直す議論となります。

第2章

新しい日本語教育実践の創造のための
出発点①
― 第二言語の習得促進要因の再考 ―

イントロダクション

　1984 年、東京。JALT（全国語学教育学会）コンファレンスの基調講演の会場を埋める数百人の聴衆は、講演者のよどみのない話に聴き入った。かれの名前は、Stephen Krashen（スティーブン・クラシェン）。カリフォルニアからやってきたこの精力と自信にあふれる研究者は、第二言語習得についての自身の仮説である入力仮説を提示し、次から次へとたたみかけるようにそれを支持する証拠を挙げてその仮説の正しさを滔々と主張した。そして、かれの推奨する教育方法の根幹となる「comprehensible input!（理解可能なインプット）」という言葉をほとんどお題目のように何度も何度も唱えた。

　聴衆の反応の実際のところはわからない。しかし、Krashen のよどみない話術と2時間ほどの講演の間に何度も繰り返された「comprehensible input!」という言葉に魅せられた聴衆がかなり多いことは講演中の雰囲気と講演終了時の万雷の拍手とで想像できた。かれの話し方は聴く者に「これは反論の余地のない科学的な事実だ」という印象を与えた。「Krashen の仮説は、第二言語教育に革命を起こすだろう」とさえ思わせた。と同時に、わたしは、Krashen はこのような講演を全米各地は言うまでもなく、世界各地で重ねているのだろうと想像した。「Krashen 教」を布教するように。

　これは、今から 40 年近く前に実際に筆者が経験したことの後日の再現です。筆者自身はすでに Krashen の本を読んでいて、かれの主張はあらかじ

めおおむね承知していて、基本的に賛同していました。かれの自信に満ちた話し方は、かれの主張をあらかじめ知っている者にもはじめて聴く者にもこれから第二言語教育の方法に革命が起こるのではないかと思わせるに足るものでした。その後、英語教育を中心として「Krashen 教徒」が多数生まれました。そして、そういう現象は比較的長く続きました。ただ、一方で、Krashen の教説を知っているか否かにかかわらず、相変わらず従来の見方で第二言語習得を考える第二言語教育者がやはり大多数で、第二言語教育の大変革は結局は起こりませんでした。そして、一部に Krashen 信奉者を残しながらやがて Krashen フィーバーも収まりました。

　本章では、第二言語の習得と習得支援の基本についての筆者の考えとその後の日本語教育の構想に大きな影響を与えた2つの考え方について論じます。2つではありますが、実際には両者は広い意味での**受容重視のアプローチ**に属します。はじめに、受容重視のアプローチの端緒となった Newmark and Reibel の「言語学習のための必要性と十分性」を紹介します。次に、上で言及した Krashen の入力仮説の内容を紹介し、同仮説の帰結をまとめます。そして、最後に、Newmark and Reibel と Krashen の見解の重要点を抽出した上で、筆者の第二言語の習得と習得支援についての見解を述べます。

1. 第二言語の習得のための必要性と十分性

1-1　第二言語の習得と習得支援の基本

　第二言語の習得というのは、それまで知らなかった新しい言語を少しずつ知っていき、それに習熟していくプロセスです。そして、観察できる現象として言うと、第二言語の習得というのは、その新しい言語に習熟してさまざまな言語活動に一層うまく従事できるようになっていく行程です。

　新しい言語で言語活動に従事できるようになるには、どのような形であれその新しい言語の知識を習得しなければならないと考えるのはもっともなことです。そのような意味で言うと、第二言語の教育は、方法や中身はどうであれ言語知識の増強を伴いながら、新しい言語の上達を促進する営みとなります。

　従来の日本語教育では、言語の知識は以下のように4つの領域で捉えられ

ていました。そして、各領域の下に具体的な言語事項の一覧表が作成される
わけです。日本語能力試験のシラバスがだいたいそれにあたります[1]。

𝔽 言語知識の4つの領域
(1) 文法(文型・文法事項)
(2) 語彙
(3) 音声
(4) 文字・表記

　そして、漸進的に形成されていく能力は、以下のように4つの言語技能と
して捉えられていました。この4つに相互行為の技能(会話技能)と通訳・翻
訳の技能を加えて、6技能とすることもあります。

𝒢 4つの言語技能
(1) 話すこと
(2) 聞くこと
(3) 書くこと
(4) 読むこと

　言語の習得をこのように基底的な知識の習得とその運用の向上と捉えるの
は、第二言語の学習を技能の学習の一種とする見方です[2]。
　一方、コミュニカティブ・アプローチの時代には、言語活動従事に関与す
る知識はFのような言語そのものの知識だけではないと主張されました。
そして、以下のような4つの知識と能力を総合したコミュニカティブ・コン

1　ここで言及しているのは、旧日本語能力試験のシラバス(国際交流基金・日本国際教育支援協
　会編著, 2002)のことです。2010年に試験の改定が行われて、それまで4段階だった中の旧2級
　がN2とN3に分割されて5段階になりました。しかし、内容としてはこれまでとほぼ同じレベ
　ルとされているので、現在でも旧日本語能力試験のシラバスが一般に参照されています。ただ
　し、旧2級がN2とN3に分割されたので、どこまでがN3なのかはわかりません。ただし、音
　声については、最も基礎的な技能なので、同シラバスには含まれていません。
2　技能の学習は認知心理学では手続きの学習(procedural learning)と捉えられています。手続き
　の学習についてはAnderson(1983)で詳しく論じられています。

ピテンスが言語活動従事を可能にしていると考えられるようになりました[3]。

𝐇 コミュニカティブ・コンピテンスを構成する4つのコンピテンス

(1) 文法コンピテンス

　　上のGに対応する、文の作り方やその理解などに関わる知識と能力。

(2) 社会言語的コンピテンス

　　場面の条件を知って、それにふさわしい適切な発話をすることに関わる知識と能力。

(3) ディスコース・コンピテンス

　　文を作るということだけでなく、整然とした構成のある文章を創作したり、目標言語にふさわしいやり取りの展開をしたりすることに関わる知識と能力。

(4) ストラテジー・コンピテンス

　　言語知識が限られている中でうまく工夫して話したり書いたりなどすることに関わる知識と能力。例えば、うまくコミュニケーションができないときに既知の他の言い方でうまく切り抜けたり、コミュニケーションが円滑にいくように短い文を使って少しずつ順々に話すことなど。

　第二言語の習得というのは、こうしたさまざまな知識と技能と能力が複合的に関わって進行する多元的で多面的で輻輳的な過程です。また、十分に習熟したことについては難なく、そして場合によっては意識することさえなくできるようになり、その上に「増築」するように進行する累進的な過程でもあります。第二言語教育は、このような**多元的で多面的で輻輳的で累進的な過程を順調に促進する包括的な営み**でなければなりません。プロローグで批判的に論じた即物主義の日本語教育では、そのような第二言語の習得を首尾よく促進することができるとは考えにくいです。

3　F、G、Hの詳細については西口（1995）の資料1から資料4（pp. 134-141）を参照してください。また、本来であれば、従来の日本語教育の内容と方法についても、コミュニカティブ・アプローチについても、もう少し丁寧に論じるべきところですが、紙幅の関係で省略しました。詳しくは、西口（2017b）や百済・西口（2019）などを参照してください。

1-2 言語学習のための必要性と十分性

　1960 年代はオーディオリンガル法の流れにあり、学習者の第一言語と目標言語との対照研究が重視された時代です[4]。対照研究によって学習困難点を予測し、それに基づいて教材を用意して、特に母語の干渉(interference)が生じると予想される構造について集中的なパターン・プラクティス等を実施することが強調された時代でした。そんな時代に、カリフォルニア大学サンディエゴ校の Leonard Newmark と David Reibel が書いた「言語学習のための必要性と十分性」(Necessity and sufficiency in language learning、Newmark and Reibel, 1968)が発表されました。同論文で、かれらは以下のように高らかに主張しました。

　　言語教育を有効に行うために言語構造の理論に基づく言語習得の理論の開発を待つ必要はないとわたしたちは主張します。人が言語を習得するために必要で十分な条件はすでにわかっているものとわたしたちは考えます。つまり、言語行使の実例がそのまま学習者に提示されて、学習者の実際に言語を行使しようとする行為が選択的に強化されさえすれば、普通の人は言語を習得することができます。ここで重要な点は、学習者が実際の使用の中にある言語の実例を学ぶのでなければ、言語を学んだことにならないということ、そして、学習者がそうした言語の実例を十分に習得すれば、そのままの形で与えられている実例について分析や一般化は不要だということです。…学習する教材に関して教師が主としてコントロールしなければならないのは、教材として提示される材料が学習者が使う事項として把握可能にすることだけです。後は、学習者の言語学習能力が発揮されてうまくいきます。(Newmark and Reibel, 1968, p. 149 と p. 161、筆者訳、傍点強調は原著)

　当時も今も、多くの人は、子どもにおける第一言語の習得と成人における第二言語の習得は違うものであり、成人は言語学習者として子どもとは質的に異なると考えています。Newmark and Reibel はそうした一般的な見解に

4　オーディオリンガル法については西口(1995)の第 5 章(pp. 49-66)を参照してください。

反論して、かれらの主張の根拠となる議論を展開しています。Newmark and Reibel の主張を箇条書きにすると以下のようになります[5]。

1 第二言語の習得支援についての Newmark and Reibel（1968）の見解

1. 言語習得のために必要で十分な条件

　（a）言語行使の実例をそのまま学習者に提示すること。

　（b）学習者の実際に言語を行使しようとする行為を選択的に強化すること。

　（c）言語行使の実例とは、実際の使用の中にある言語の実例である。

　（d）十分な量の言語行使の実例を知り、習得すること。

2. 言語習得のために不必要なこと

　　学習者が言語行使の実例を十分に学んでしまえば、それについての分析や一般化は不要である。

3. 教材として提示する材料についての条件

　　学習者が使う事項として把握可能であること。

　かれらの議論でとりわけ注目されるのは、**実際の使用の中にある言語の実例**（instances of language in use）、あるいは短く、**言語行使の実例**という視点です。かれらの言う言語行使の実例は、いわゆる場面会話としての話し方のサンプルではありません。Newmark and Reibel は、次のように説明しています。

　　しばしば批判されるように、具体的で、それゆえ必然的に限定された状況でどのように話すかを学習者に提示しようというのではありません。むしろ、学習者が貯蔵（stores）し、分節（segments）し、そして最終的に再構成（recombines）して新たな状況で適切な用法として使える新たな発話が作れるような、意味のある言語行使の実例（instances of meaningful use of language）を提示することを提案しているのです。（Newmark and Reibel, 1968, p. 152、筆者訳、括弧内は原文の英語）

5　Newmark and Reibel の主張と議論は、学習者の言語学習能力を信頼するという点を中心として、物の見方④（p. 37）で紹介した Wilkins の分析的アプローチの考え方とかなり重なっています。

かれらは論文の付録でいくつかの教材例を提示しています。そのうちの1つを以下に紹介します。かれらの論文ではフランス語と英語で例が挙げられていますが、ここでは英語の例を提示します。

　ガラシアと友だちはカフェテリアにいる。そして、ガラシアは自分をさがしている様子のヘクターに気がつく。ガラシアはヘクターとけんかをしていて、かれと話したくない。

1.

Galathea:（in a low voice）	Pretend that you don't see anyone. （誰にも気づいてないふりして。）
Friend:（surprised）	Why? I don't see anyone. （え、何で？　誰もいないよ。）
Galathea:（impatiently）	Hector's looking for me, and I don't want to talk to him. （ヘクターがわたしをさがしてるの。わたし、かれと話したくないから。）
Friend:	Well, anyway, I don't think he will notice us. （うーん、とにかく、気づかれはしないと思うよ。）

2. Same as 1.

Galathea:（whispers）	Pretend that you don't hear anything. （何も聞こえないふりをして。）
Frined:（surprised）	Why? I don't hear anything! （え、何で？　何も聞こえないけど。）
Galathea:（urgently）	Hector's calling me and I don't want to see him. （ヘクターがわたしを呼んでるの。わたし、かれに会いたくないから。）
Friend:	In any case, I think that he's noticed us. （事情はどうあれ、ヘクターはもう気づいてるよ。）

（Newmark and Reibel, 1968, p. 163、日本語部分は筆者訳）

　この教材例では、二人でいるときにいきなり「〜のふりして」と言われて、「何で？　（どうせ）誰も／何も〜ないけど」と応える。すると、最初の話者が「ふりして」の事情を説明する。そして、それに対して、"anyway, ..."

や "in any case, ..." というように今の状況を述べています。この例は必ずしもわかりやすい例ではありませんが、上の説明とこの例からわかるように、かれらの言う言語行使の実例というのは、教室の外の特定の場面での実用的な話し方ではなく、表現的な言語活動に関わる実際の言語の実例です。かれらは、言語教育で扱うべき内容は、正しい文が作れるようになることや、教室の外の具体的場面での実用的なコミュニケーションの仕方ではなく、むしろ表現活動の言語技量を育成することだと気づいていたのです。

　筆者は 30 年以上前にかれらの論文に出会いました。そして、かれらの主張に大いに「我が意を得たり」という気持ちになりました。「我が意を得たり」というのは、Newmark and Reibel が提案するような日本語の学び方や教材や教育方法をかれらの論文を読む前からぼんやりとイメージしていたからです。また、そのような学び方は、次章で論じるように日本語は欧米語の場合のような形式文法を免れているので、まさに日本語の学習の場合に適合すると感じていたからです。ただし、Newmark and Reibel の提案のような方針で教育を企画し教材を制作すると決めたとして、具体的にどのような言語活動を扱い、どのような言語材料を教材として提示するかが大きな課題となります。その部分が、Newmark and Reibel の提案を具体化する上での最大の課題です。そのような自覚の上に、適当と思われる言語活動領域を全体的な教育内容として設定し、その中の各種の言語活動を割り出し、各種の言語活動相互の相対的な難易度や各々で要請される言葉遣いや文型などの言語事項などを考量しながら、その提案の具体化を試みました。それが、第 1 章で紹介した自己表現の基礎日本語教育とテーマ表現の中級日本語教育からなる表現活動の日本語教育の企画と教材です。

2. Krashen の入力仮説

2-1　入力仮説

　Newmark と Reibel の 2 人は、同じ頃に上の論文を含めて 3 つの論文を書きました[6]。かれらの論文は応用言語学の世界でセンセーションを巻き起こしました。そして、かれらの主張と議論は、その後に発展したコンプリヘン

6　あと 2 つは、Newmark(1966) と、Reibel(1969) です。

ション・アプローチの理論的な基盤となりました。コンプリヘンション・ア
プローチというのは、聞かせることや読ませることなどの受容と理解の活動
に学習者を従事させることにより言語を習得させようとする方法の総称で
す。1970年代には、オーディオリンガル法に代わる新たな第二言語の教育
法としてさまざまなコンプリヘンション・アプローチ系の教育方法が提案さ
れました[7]。そして、その系譜はKrashenのナチュラル・アプローチへとつな
がります。

　Newmark and Reibel は、実際の使用の中にある言語の実例を十分に提示
し、学習者による言語行使の試みを適切に強化すれば誰でも第二言語を習得
することができると主張しました。それから約10年後に登場した南カリ
フォルニア大学の Stephen Krashen は、第二言語を習得するためには、話
す(あるいは書く)練習ではなく、その言語を大量に聞いて(あるいは読んで)
理解する活動こそが肝要であると主張しました。そして、**入力仮説**(input
hypothesis)を定式化しました。Krashen は、それまでに行われた大量の実
証的研究を挙げて、入力仮説は否定することのできない科学的な事実である
と主張しました。

　まずは、入力仮説を構成する5つの仮説を挙げ、各々を簡単に解説します。

🎵 Krashen の入力仮説を構成する5つの仮説

仮説1　習得－学習仮説(the acquisition-learning hypothesis)

　成人の第二言語能力の発達には、習得と学習というまったく別個の独
立した過程がある。習得は、子どもが第一言語の能力を発達させるのと
類似した過程で、意識下で起こる過程である。これに対し、学習は、言
語の規則を知ること、つまり、文法について意識的に学ぶことである。

仮説2　自然順序仮説(the natural order hypothesis)

　文法構造はおおむね予測される順序で習得される。すなわち、ある言
語を習得する者は、年齢や母語に関わりなく、ある文法構造を早く他の
文法構造をより遅く習得する。個々の学習者がまったく同じように習得
するわけではないが、その習得順序には明らかな類似性が見られる。

7　コンプリヘンション・アプローチと呼ばれるさまざまな教育方法ついては、Winitz and Reeds
(1975)や Winitz(ed.)(1981)で紹介されています。

仮説3　モニター仮説(the monitor hypothesis)

　習得された知識と学習された知識にはそれぞれ特別な役割がある。習得された知識は第二言語の発話を発起し、流暢に話すことに寄与する。これに対し、学習された知識は、習得システムによって発話が発起された後に、発話の形式に修正を加えるときにのみ役に立つ。学習システムのこの働きをモニターと呼ぶ。モニターは言語運用上そのような限られた役割しか果たさず、それゆえ、第二言語の発達では学習よりも習得のほうが重要である。

仮説4　入力仮説(the input hypothesis)

　入力仮説は以下の4つの下位仮説からなる。

（1）入力仮説は、学習ではなく、習得に関係する。

（2）人は現在のレベルiより少し上の構造i + 1を含む言語を理解することにより言語を習得する。理解はコンテクストや言語外の情報を活用することにより達成される。

（3）コミュニケーションが成功し、入力言語が理解され、さらにそのような理解できる言語が大量に与えられれば、i + 1は自然に提供される。

（4）産出能力は自然に現れてくる。産出能力を教えることはできない。

仮説5　情意フィルター仮説(the affective filter hypothesis)

　言語習得には、モチベーション、自信、不安などが関与する。このような情意的要因が好ましくない状態、例えば、自信がない、不安を感じているなどのときは、情意フィルターが高く、入力言語が言語習得装置に届きにくくなり、逆にいい状態のときは、大量の言語入力が習得装置に届いて習得が促進される。

2-2　入力仮説の帰結

　入力仮説では、まず学習と習得を区別します。前者は当該の言語についての顕在的な知識(explicit knowledge of language)で、学習者は意識的な学習という過程によってそれを身につけます。現在の日本語教育で一般に行われている言語事項を取り立てたPPP(Presentation, Practice and Production、提示－練習－産出、Byrne, 1976)の手順による教育方法はここに言う意識的

な学習にあたります。そして、それによって身につくのは日本語についての顕在的な知識となります。それに対し、習得とは理解可能な言語入力（comprehensible input）を受容するという無意識的な過程により潜在的な言語知識（implicit knowledge of language）を形成することです。理解可能な言語入力とは、例えばイラストを提示しながらジェスチャーなども交えて教師が学習者の現在の目標言語能力よりも少し上の話し方で学習者が興味をもてる話をすることや、現在の目標言語能力でおおむね読んで楽しめるテクストを読むことなどです。Krashen の言う "comprehensible" と、Newmark and Reibel の言う「把握可能」（graspable）はよく似ていますが、Krashen の "comprehensible" のほうが概略的にわかればいいというニュアンスが強いです。

　入力仮説は、従来の第二言語の習得支援に関する見解に次のような変更を要求しています。

🄺 入力仮説からの従来の習得支援の見解への変更要求
　(1) 言語事項を取り立てて指導することは役に立たない。

　　　多くの第二言語教育者は PPP の方略による教授を通して言語を産出する能力を養うことができると信じているが、入力仮説はその有効性を否定する。入力仮説によると、PPP などの教授を通して得られる学習された知識や言語操作能力をいくら身につけても、それは言語を内から発起する能力にはならない。それは発起された発話の文法や語彙などをチェックして修正できるだけである。そして、理解可能な言語入力に基づく習得を通して得た潜在的な言語知識のみが言語を内から発起することができる。ゆえに、学習よりも習得こそが重要だと主張する。

　(2) 話させることは習得を促進しない。

　　　これまでは学習者にたくさん話させることが言語能力を伸ばすと考えられてきたが、入力仮説はそれを否定する。むしろ言語を理解して受容する活動こそが、そしてそれに大量に従事させることこそが言語の習得を促進すると言う。そのような豊富な受容的言語活動従事の結果として、話すこと（や書くこと）は自ずと育成され現れてくると主張する。

これら 2 点を含めた Krashen の第二言語の習得支援についての見解は次の 2 点に集約されます。

> 🄛 **Krashen の第二言語の習得支援についての見解のサマリー**
> (1) 話すこと (や書くこと、筆者注) は習得の結果であって、原因ではない。話すこと (や書くこと、筆者注) は直接に教えることはできない。話すことは、むしろ、理解可能な言語入力を通してコンピテンスが育成された結果として自ずと「現れてくる」。
> (2) 言語入力が理解できて、そしてそれが十分にあれば、必要な文法は自ずと与えられる。教授者は自然習得順序に準じた次の言語構造を取り立てて教える必要はない。(Krashen, 1985, p. 2、筆者訳)

このような見解の下に、緊張や不安などがない状態で理解可能な言語入力を大量に与えることを教授方略として提案された教育方法が、よく知られている Krashen と Terrell (テレル) のナチュラル・アプローチです[8]。Krashen がめざしたのは、少し乱暴に要約すると、その言語が話されている国に行ってそこで暮らしながら自然に言語を身につけていくという自然的な第二言語習得を疑似的に教室で再現することです。

3. 筆者の第二言語の習得と習得支援についての考え方

3-1 第二言語の習得と習得支援についての見解

Newmark and Reibel と Krashen の見解の重要点を抽出すると、以下の 4 点にまとめることができます。

> 🄜 **Newmark and Reibel と Krashen の見解の重要点**
> (1) 第二言語の習得のために学習者は十分な量と種類の言語行使の実例を知り、習得しなければならない。
> (2) 第二言語の習得のためには、学習者を産出活動に従事させることはあまり役に立たない。むしろ受容活動のほうが重要である。

---

8 ナチュラル・アプローチについては、西口 (1995) の pp. 94-100 を参照してください。

（3）言語構造や言語事項を取り立てて教えることは第二言語習得の促進の
　　ために不要であるし、役に立たない。
（4）受容中心となるが実際の言語活動に学習者に豊富に従事させることが
　　言語習得を促進する。

　オーソドックスな考え方に囚われることがない筆者には、これらの見解は
ひじょうにもっともだと思われます。つまり、第二言語学習者としての自身
の経験や日本語教育者としての自身の経験と照らし合わせても、**大部分が既
知の語や言い回しでできている発話によって運営される、部分的にわからな
いところがありながらも従事可能な受容を中心とした言語活動に大量に従事
して、さまざまな言語行使の実例を知り、言語活動従事経験を豊富に蓄積す
ることなくして、新しい言語ができるようになるとは到底思えません**。そし
て、そのようなことを考えると、即物的な教育企画の下に一般的な日本語の
教師が提供している授業は、本来授業というものは日本語の習得を促す豊か
な環境であるはずにもかかわらず、そもそも日本語習得促進環境を構成して
いないように見えます。

　日本語の授業で文型・文法事項などの練習ばかりしている場合ではありま
せんし、教師がたくさん話し学習者がどちらかというと聞いているという活
動を、これまでのオーソドックスな言語教育観に基づいて忌避している場合
でもありません。そんなふうにばかりしているといつまでたっても学習者に
日本語を上達させる日本語教育を実践することはできません。

3-2　受容中心のアプローチへの抵抗

　筆者は「Krashen 教徒」ではありませんが、重要な基本部分は Krashen
に賛成です。それは、上のⅬの（1）の**「話すことは習得の結果であって、原
因ではない」**（原文では "Speaking is a result of acquisition and not its cause."）
の部分です。そして、この命題は、日本語の教師を含む言語の教師一般が
もっている「教師はやたらに話してはいけない」という信念と真っ向から対
立します。

　筆者は 40 年ほど前から実際の教育現場にいるので、昔から講師室での教
師たちの会話をよく耳にしています。また、昔は教育実習指導担当者として

実習生の授業をよく見ましたし、他の実習指導の先生による実習生指導の様子も見てきました。そんな中で実習生や新しい教師が「文型・文法事項の指導こそが日本語教育だ。文型・文法事項の指導がうまくできるようになってこそ一人前の教師だ」ということと並行して叩き込まれるのが、「教師はやたらに話してはいけない」という考えです。この考えは、前者の「文型・文法事項の指導こそが…」と同じほど、あるいはそれ以上に教師の授業での振る舞い方を規制しています。つまり、**「教師はやたらに話してはいけない」と信じて、教師は伸び伸びと話すことを憚ります。**

　この「教師はやたらに話してはいけない」という考えはどこから来ているのでしょうか。いくつかの起源がありそうです。一つは、**「話せるようになりたいのなら、学習者が話す試みや努力をするのは当然だ」という素朴な感覚**です。そしてその感覚に基づくならば、教師は学習者が話すことこそ促すべきで、教師があれこれ話すのは教授活動になっていないことになります。しかし、よく考えてみてください。話す場合に、わたしたちは頭の中のどこかから語や言い回しを引き出してきます。つまり、**話す（あるいは、書く）ためには、そのために動員する語や言い回しをどのような形であれあらかじめ蓄えていなければなりません。**Krashen が「話すことは習得の結果であって、原因ではない」と力説するのは、この点を問題にしているのです。

　「教師はやたらに話してはいけない」という考えのもう一つの起源は、教師としての厳しさでしょう。Krashen は、学習者に無理に話させることは意味がないと言っています。それよりもむしろ、学習者が興味をもてる話を学習者がわかる話し方で大量に聞かせることのほうが習得促進に効果があると言っています。そんな見解を聞くと、厳しい先生はにべもなく「そんなふうに学習者を甘やかしてはいけない。教師は学習者に話させるように厳しく指導しなければならない」と言うでしょう。しかし、Krashen はそんな「精神主義的な」考えには取り合わないでしょう。そんな教師に Krashen は**「入力仮説として否定しがたい科学的事実となっている『甘やかして成果が出る方法』と、従来の因習に基づく『厳しくして成果が出ない方法』のどちらをあなたは採りますか？」**と尋ねるでしょう。

　最後に、見落としてはならないもう一つの起源として、直接法の時代に言われていた「教師は日本語の文法などについてあれこれ説明してはいけな

い」という戒めがあります[9]。これはまったくもっともなことで、入門や基礎段階の学習者に日本語の文法などについて日本語で説明しても理解できるわけがありません。ですから、この戒めは妥当です。しかし、それを Krashen の入力仮説への反論として持ってくるのは、お門違いです。Krashen は文型や文法などについてたくさん話したり説明したりすることを推奨しているわけではありません。そうではなくて、**学習者が興味がもてて楽しめる話を目の前の学習者にわかるような話し方でたくさん聞かせる**ことを推奨しているのです。Krashen によるとそれこそが**言語習得のための養分**なのです。

3-3 教師は何について話すか

　上で言ったように筆者自身は重要な基本部分で Krashen の見解に賛同しています。そして、実際に、「甘やかして成果が出る方法」を実践することで学習者の日本語力を押し上げているという実感があります。それでは、教師は一体何について話せばいいのでしょうか。特に、入門や基礎段階の学習者にわかることで学習者が興味をもって聞いてくれる話は何でしょうか。答えは、**教師による自分自身のことについての話**です。

　教師は定期的に学習者の前に現れて、日本語で話しかけながら授業というものを運営します。そして、表現活動の日本語教育では、それは表現活動を中心とした授業となります。授業で教師は、学習者の一人ひとりがユニットのテーマについて言語活動に従事できるように支援し指導します。そのような授業なので、教師がユニットのテーマについて自分のことを話すのはいわば必然のこと、あるいは当然のこととして要請されるところとなります。表現活動の日本語教育の第2段階であるテーマ表現の中級日本語教育でも事情は同じです。

　一般的に言っても、日本語に熟達していて日本語世界でさまざまな立場で種々の役割を担って生きることを営んでいる教師は、「この人はどんな人で、どんな生活をしているのだろう」、「どんなものを食べ、どんなものを飲んでいるのだろう」、「何が好きなのだろう」、「どんな音楽を聞き、どんなスポーツをするのだろう」などと学習者の興味・関心と好奇心の対象となります。

9　直接法については、本章の第4節で説明しています。直接法の言語観と言語学習観と指導法については、西口（1995）の pp. 24-31 を参照してください。

定期的に学習者の前に現れて躍動する教師には**一人の人として生きている充溢した厚みのある現実への根ざし**があります。その根ざしの一部を見せてあげればいいのです。もちろん、教師本人のことばかりではなく、家族や友人の話でもかまいません。週末の話でも、昨夜の話でも、今朝の話でもかまいませんし、現在の話でも、学生時代や子ども時代の話でもかまいません。どのような話題も教師の厚みのある現実の広がりとなります。そして、そのように学習者の興味・関心と好奇心に一定程度応えることは、自己表現の基礎日本語教育では教師の仕事の自然な一部分だと言ってもいいでしょう。

　引き込まれて教師の話を聞いている学習者は、「**日本語を分かりたい**」ではなく、「**そこを知りたい**」**という姿勢でしっかりと耳を傾けて話を聞いてくれます。それは、形は受容的ながらひじょうに能動的に言語活動に従事している状況**です。そして、その経験は間違いなく、さまざまな言語行使の実例を学習者に示して、**日本語習得のための養分を提供**します。そして、教師としては、そのように**学習者を引き込んで楽しませるように話ができる資質と技量**が要請されることとなります。

物の見方⑤

遊び心

　上で論じたように、またプロローグでも言ったように、学習者が日本語を上達させるためには、日本語習得のための養分が必要です。教師には、特定の言語事項を理解させたり身につけさせたりしようとするのではなく、むしろ学習者において日本語を育む養分を豊富に提供するという姿勢が期待されます。

　理解可能な話し方で学習者を楽しませる話をするためには何が必要でしょうか。それは、遊び心です。どのように教えたらいいかとばかり懸命に考えて遊び心を忘れていると、学習者を楽しませる話はなかなか思い浮かびません。まずは、「教える」のではなく、「遊ぶ」というほうに頭を切り替えることが重要です。

　この「学習者が知っている限られた言葉の範囲で、話し方をうまく工夫して話す」という遊びはなかなかおもしろい遊びです。話すネタの選

択や話の展開の仕方などを含めてしっかり知恵を働かせないとうまくできない芸当です。しかし、心配する必要はありません。この遊びは、やり始めると、どんどんうまくなっていきます。そして、遊び心もますます大きくなって、自身の何気ない日常の生活の中からいろいろなネタが見つけられるようになります。ちょっとした話芸です。ぜひ、遊び心の世界へ。

4. むすび ― 言語パフォーマンスを「飛行」させる

　今でも、従来の文型・文法事項中心のカリキュラムと教材の下で日本語を教えている教師の様子を直接あるいは間接に見聞きすることが多いです。そして、感じることは、実際には多くの教師は学習者を口頭での言語活動に従事させることがひじょうに少ない授業をしているということです。教師は、新しい学習言語事項を最初に教えるときくらいは絵教材などを見せながら口頭でのやり取りの形で授業をするのですが、復習になるとほとんどがプリントを用意した指導になります。つまり、教師は学習言語事項が十分に身についていないとして、自作のプリントやどこかの教材からのコピーなどを準備して、それを学習者にさせて、その後に、あれこれ説明を加えながら答え合わせをするというような**プリントに依存した授業**をしています。そして、多くの教師はそのような活動に大切な授業時間のかなりの部分を使っているようです。その行きつく先は、**日本語能力試験の問題集に取り組むばかりの授業**です。学習言語事項を身につけさせるということが焦点化された即物主義の日本語教育の行きつく帰結です。このような授業をしていて日本語、特に口頭日本語が上達するわけがありません。

　そんな教師は、そもそも直接法というのが何なのかも知らないのです。長沼直兄（1894-1973）、さらには20世紀最大の応用言語学者と言われるパーマー（1877-1949）に遡ることができる直接法というのは、「媒介語を使わないで教える方法」ではなく、むしろ**日本語を使って直接に日本語を習得させる教育方法**です。すなわち、直接法の教師は、実物や絵教材や身体の動きや位置などを効果的にコーディネートして限られた言葉を慎重に組み合わせながら学習者を相手に把握可能な言語活動を運営して、学習者にそれを十分に

観察させます。そして、徐々に学習者を言語活動に巻き込んで、なぞるように模倣もさせながら、学習者にじわじわと日本語を浸み込ませて、ゆっくりと学習者を能動的な日本語ユーザーへと育成していきます。それは、未習事項と既習事項を厳格に区別して、言語活動を慎重に調整した、整然と展開される教育方法です。ただ媒介語を使わないで教えるというだけのものではなく、ひじょうに緻密で厳格で厳粛な教育方法です[10]。

　このような「じわじわと日本語を浸み込ませて、ゆっくりと学習者を能動的な日本語ユーザーへと育成していく」という直接法の方法は、実は、コンプリヘンション・アプローチや Krashen が提案する方法と通じるものがあります。**本来の直接法の基本的な考え方は学習者の中に日本語を育むという**ことで、言語活動の仕方の観察やそれをなぞるような模倣などが十分にできていない段階で学習者に無理に話させることはありません。「**話すことは習得の結果であって、原因ではない**」という認識をコンプリヘンション・アプローチや Krashen と共有しているのです。80年代から90年代にかけてイギリスの応用言語学者の間では、Krashen は「パーマーの再来（Palmer revisited）！」と言われていたそうです[11]。

　直接法と Krashen のもう一つの共通点は、第二言語の基礎的な口頭技量を育成するためには学習者を第二言語による言語活動という対話的交流の空間に誘わなければならないという認識です。そのために教師は、活動状況を巧みに構成して把握可能な形で学習者に「呼びかけ」なければなりません。そして、「呼びかけ」られた学習者は対話相手の立場に置かれ、「呼びかけ」に応答することが迫られます。学習者は、「呼びかけ」の声に耳を傾け、何事が起こっているのかを知ろうとし、その「呼びかけ」のことばをなぞりつつ、「呼びかけ」に対する応答のことばを探さなければなりません。当初の応答は短い言葉でも、うなずいたり、驚いた表情をするのでもかまいません。そして、徐々に「呼びかけ」られたときの応答を充実していけばいいのです。**言語活動はそもそも対話的な出来事**（バフチン, 1980; 1995）です。そ

10　直接法による教授方法については、日本語教育学会編（1982）の pp. 621-625 の「日本語教授法の現在」で紹介されています。しかし、残念なことに、この事項は日本語教育学会編（2005）では削除されてしまいました。

11　イギリスの応用言語学研究のメッカであるロンドン大学大学院の教育学研究所にいた百済正和氏との個人的なコミュニケーションから。

のような**対話的な言語活動に従事する経験を豊富に積み重ねてこそ生きた言語は育成されます。**

　Scarcella and Oxford（スカーセラとオックスフォード）は、第二言語の習得支援に関連して "in-flight performance"（Scarcella and Oxford, 1992, p. 35）という見方を提示しています[12]。"in-flight" というのは日本語では「飛行中の」とでも言うべきところで、対話的に言語活動に従事しているときは当事者たちの言語的思考が相互的に活性化して、交わされることばつまり**言語パフォーマンスは、あたかもその相互活性の対話空間を行き来しているようになる**ことを表現しています。第二言語による言語活動に関して言うと、**言語活動に首尾よくあるいはおおむね従事できているときは、その言語パフォーマンスは当事者間の対話空間を「飛行」し続けている**ことになります。しかし、相手の発話を相互行為の脈絡にうまく定位することができないで滞留して、発話を一つの言語的構造体と見てそれを理解しようとしているとき（解読中）や、逆に「これを日本語でどう言うのか」ということが課題になってそれを日本語に置き換える作業にはまってしまったとき（翻訳中）は、言語パフォーマンスは「飛行」することをやめて、学習者の意識は「地上に下り」て、「それ」や「これ」と格闘することになります。「地上に下り」て、「それ」や「これ」と格闘している間は、学習者は言語習得に資する言語活動従事を中断しています。文型の練習など言語の操作の練習をしているときももちろん、そこで作られたり交わされたりする言葉は「飛行」していません。

　直接法のパーマーや長沼も、Newmark and Reibel や Krashen も、実はこの部分が一番気がかりだったのではないかと筆者は想像しています。つまり、文法訳読法での訳読の活動や、オーディオリンガル法の機械的なパターン・プラクティスなどでは、学習者はちっとも言語活動に従事していないし、学習者の言語パフォーマンスはまったく対話空間を「飛行」していないと思ったのでしょう。そして、学習者に第二言語を生きた状態で経験させて育むためには、**まずは教師主導で運営される言語活動、つまり学習者にとっては受容的となる言語活動でいいから、とにかく言語活動に従事させて「飛行」している中で言語を経験し、その経験を蓄積しなければならない**と考え

12　"in-flight" という比喩は、認知的発達の捕捉の仕方についてヴィゴツキーが "grasp the process in-flight"（Vygotsky, 1978, p. 68）と言ったことに遡ります。

たのでしょう。

　自然環境の中で第二言語を習得した人や自律的に学習をして第二言語の習得に成功した人は、そのような感覚をもっているように思います。そして、そうした人が日本語の教師になって、従来的な方法で行われている授業を見ると、「学習者の言語パフォーマンスはまったく『飛行』していない」と思うでしょう。そして、「学習者の言語パフォーマンスが『飛行』していないのは重大な問題だ」という問題意識を捨てないで教育経験を積んだ熟練の教師は「おもしろい」教師になります。かれらは、学習者に話を聞かせて楽しませることが上手です。そのようにすることで、さまざまな語や言い回しを学習者が摂取できることをかれらは知っています。また、かれらは、学習者を話したい気持ちにさせ、少し背伸びすれば話せる範囲のことを話させることに長けています。そこでは、ある程度習得している言葉遣いを「使い回し」的に動員させて、言葉遣いの知識を増強しているのです。さらに、かれらは、学習者のそのような試みの「飛行中」に必要なときに適切な介助やフィードバックを巧みに与えることができます。そのようにして言葉遣いの知識を補強し補充しているのです。そして、以上のような経験を豊富にさせることで言語習得を強力に促進できることをかれらは直感的に知っています。表現活動の日本語教育の企画は、そのような直感と一定の教育経験のある教師が日本語の習得を有効に支援する教育実践に道を拓きます。言語を実体と見る即物主義に基づく従来の日本語教育の企画とそれに基づく教育実践は学習者の言語パフォーマンスを対話空間に「飛行」させることがほとんどありません。即物的な言語事項を相手に学習者も教師も「地上を這い回る」ばかりです。

物の見方⑥

国名、都市名、カタカナ語、社名、人名などの活用

　相手の発話の中に対話の足がかりになる言葉を見出すことができて、発話の要素のすべてがわからなくても「それがどうしたの？」との聞き返しを伴いながらも進行する相互行為は、対話空間に「飛行」している相互行為となります。これに対し、足がかりとなる言葉を見出すことが

できないためにただ理解対象のようになってしまった、差し向けられた発話は「飛行」することをやめ、相互行為は「地上に下りる」ことになります。

　そのような対話の足がかりになる言葉の候補として有力なものは、国名、都市名、カタカナ語、そして社名、人名などです。それらの語は、それを理解すると即座に学習者において言語的思考を活性化させます。言語的思考を活性化するというのは、その語をきっかけとしてさまざまなコトやコトの断片の連想が広がるということです。そして、それが言語的思考の相互活性の空間、つまり対話空間を作ります。

　自己表現の基礎日本語教育では、こうした語の使用を大いに奨励しています。NEJ のナラティブなどでそれらの言葉を積極的に使っている例を以下に紹介します。

ユニット１：自己紹介

Pronunciation Practice（発音練習）で、世界の国名と都市名を材料として、それぞれの日本語での言い方とアクセント・パターンを練習している。

ユニット３：好きな物・好きなこと

「好き」などの対象 カタカナ語となる食べ物、飲み物、スポーツ、音楽など多数。

ユニット４：わたしの一日

食事の内容 ハンバーガー、カップラーメン

一日の活動 テレビでニュースを見る、ジョギングをする、メールをチェックする、メールをする、インターネットをする、ドラマを見る

ユニット５：金曜日の夜

食事に関わる語 マレーシア料理、ナシゴレン、タピオカミルク、イタリアンの店、ワイン、パスタ、リゾット、サラダ、ティラミスなど。

ユニット６：外出

外出先 ショッピングモール、モール、レストラン

| 買う物 | カタカナ語となる衣類、装身具、文房具、カトラリーなど多数。 |

ユニット 17：プレゼント

| プレゼント | スカーフ、バッグ、セーター、ベルト、ネクタイ、ポロシャツ、ハンカチ、アニメの DVD、マフラー |

ユニット 23：ひどい経験

| ひどい経験に関わる言葉 | ハイヒール、ナイトマーケット、バスツアー、エンジン、ホテル、エアコン、スーツケース、ロック(をする)、セキュリティの人 |

　授業ではその他に、実際の社名(ハンバーガーショップ、ドーナッツショップ、ファミレス、通信会社、ネット販売の会社、コンビニ、スーパー、デパート、家電量販店、ディスカウントショップ、家電会社、自動車会社、バイクの会社、カメラの会社、衣類やバッグのブランドなど)や人名(大統領や首相、科学者や発明家、スポーツ選手、歴史上の人物など)を足がかりの語として話を始めて会話を展開することができます。一例のみ出すと、「いろいろなハンバーガーの店がありますね。例えば、…、そう、AやBやCやDです。皆さんは、どのハンバーガーが好きですか?」というふうに話し始めて会話を展開します。このように固有名を使うと、入門・基礎の段階の授業でもいろいろな話ができます。そして、いろいろな話をしていると、いろいろな学習者がそれに乗って会話に積極的に参加してきます。そのような会話で学習者を楽しませてあげてください。

第3章

新しい日本語教育実践の創造のための
出発点②
― 習得対象としての日本語と日本語の習得 ―

イントロダクション

　第二言語を学ぶというと、一般には、即座に、文法と語彙と発音の仕方を身につけなければというふうに考えます。それに文字・表記を加えたものが前章の 1-1 の F (p. 43) のような 4 つの言語知識の領域となります。そして、その中でも、従来の日本語教育では、文法が主要な教育内容として取り上げられてきました。しかし、日本語の文法とは何なのでしょうか。日本語で話す（あるいは書く）ときに、どれほど文法というものが必要なのでしょうか。また、日本語の文法は重要な教育内容としてたいへんな時間と労力を使って一つずつ取り立てて教えられてきましたが、それは本当に適当なのでしょうか。本章では、このような問題について改めて考えたいと思います。

　まずはじめに、身近なところで主として英語との対比で日本語がどのような言語かを検討します。そして、日本語は欧米語の場合のような形式文法を免れていることを明らかにします。次に、そんな日本語のどこが習得がむずかしいかについて議論します。そして、従来の日本語教育では本来は特段にむずかしくない「文法」を取り立てて扱うことでわざわざ学習困難点を作っていたのではないかという指摘をします。さらに、そうした検討と議論に基づいて日本語教育を企画するにあたっての留意点を箇条書きにして述べます。自己表現の基礎日本語教育を含む表現活動の日本語教育は、それらの判断に基づいて言葉遣いを軸として企画されたものです。そして、続く節では、自己表現の基礎日本語教育の 1 つのユニットを例として採り上げて、言

葉遣いを軸とした日本語習得の企画の内実を詳しく見ていきます。最後に、結びとして、自己表現の基礎日本語教育とテーマ表現の中級日本語教育に分けて、それぞれにおける初期的な言葉遣いの蓄えと言葉遣いの蓄えの増強と補強の位置について述べます。

1. 日本語はどのような言語か

1-1 日本語に文法はあるか

　第二言語（外国語）として、わたしたちは、代表的には英語を知っています。さらに大学で第二外国語としてフランス語やドイツ語などを勉強し、多かれ少なかれ知っている人もいます。第二言語教育における文法ということを考える場合に、わたしたちはこれら英語等に代表される欧米の言語における文法をイメージします。そして、外国出身者が日本語を勉強するときも、**わたしたちが欧米語を勉強したときと同じくらい熱心に文法を勉強しなければならないだろうと想像**するようです。しかし、この想像は正しいでしょうか。

　欧米語の文法のことを少し考えてみましょう。中学・高校時代に英語を勉強したときは、冠詞の "a" と "the" の使い方や、名詞を単数にしたり後ろに "-(e)s" を付けて複数にしたりすることなどは、日本語を使用するわたしたちにはまったく馴染みがなく、説明を受けてもなかなかそれらの正しい使い分けは身につきませんでした。また、「現在形の文で主語が3人称単数の場合は動詞に "-(e)s" を付ける」などの規則も、そんなものがなくても文意が通じるのに、英語ではそのような操作をしなければなりません。こうした例は、まさに文法と呼ばれるものの代表です。英語ではこの他に文の体裁を整えるために、日本語なら言わなくてもいい要素をいちいち代名詞で言わなければならないという規則もあります。さらに、フランス語など多くの欧米語では、名詞に性（男性名詞、女性名詞、中性名詞など）があって、冠詞の性はそれに合わせなければなりません。形容詞を付けるときも名詞に性を一致させなければなりません。例えば、日本語では何の造作もなく「やさしい男の人」や「やさしい女の人」と言えるところを、フランス語では、homme（男の人）が男性名詞で、femme（女の人）が女性名詞なので、冠詞も形容詞もその性に一致させたそれぞれの形を使って「*un* homme *gentil*」や「*une* femme *gentille*」と言わなければなりません。

　もっとわかりやすい例を挙げると、以下のような一連の文では、日本語では文法を気にすることなくただ並行的に文を作っていくことができますが、欧米語で最も文法が単純と言われる英語でさえ、すでに文法を気にして、代名詞を追加したり、be 動詞を変化させたり、不定冠詞を削除して名詞を複数形にしたり、3 人称単数なので動詞に"-(e)s"を付けたり、代名詞を残したりしなければなりません。以下の斜体部は、並行的に行くことができず、変更を加えなければならない部分を示しています。

> 📄 **英語の文法について**
>
> （1）a. わたしは、大学生です。　　　　I am a student.
>
> 　　　b. 弟も、大学生です。　　　　　*My* brother *is* also a student.
>
> 　　　c. わたしと弟は、大学生です。　My brother and I *are* student*s*.
>
> （2）a. わたしは、毎日学校に行きます。I go to school everyday.
>
> 　　　b. 弟も、毎日学校に行きます。　*My* brother also go*es* to school everyday.
>
> 　　　c. 毎日いっしょに学校に行きます。*We* go to school together everyday.

　このようにごく簡単な日常的な内容の表現においても**欧米語では文法という**ものがつきまといます。日本語は、このようなことから免れています。

　言語としての特性で言うと、日本語は基本的に、**必要な要素をただ単に並べ立てて話すことができる言語**です。ここで紹介したような欧米語的な文法を気にする必要はありません[1]。日本語には、欧米語のような**文や句を構成するときの形式上の約束事という意味での文法はない**と言ってもいいでしょう。ただし、各種の文型と五段動詞の活用形との接続は少し厄介です。

1-2　各種の文型と五段動詞の活用形

　各種の文型と五段動詞の活用形との間には、**各々の文型に前接する五段動詞はその文型に適切な活用形を使わなければならない**という約束事がありま

---

[1]　名詞の後ろに助詞を付加することはありますが、1-2 の終わりのほうで論じるように助詞はやはり欧米語的な文法とは性質が異なります。ちなみに、このような特性をもつ言語は、一般に膠着語と呼ばれています。「膠（にかわ）」というのは昔の接着剤です。膠着語というのは、「助詞のような接着剤で要素を結びつける言語」ということになります。

す[2]。しかし、この約束事は、「この文型の場合は、この活用形を使う」というふうに単純にはいきません。動詞（の活用語尾）と文型の融合とでも言うべき現象が起こるからです。

　一段動詞の場合と五段動詞の場合を対比して、五段動詞の活用形と文型の関係について説明します。「食べる」を一段動詞の例として、「書く」を五段動詞の例として、説明します。ただし、1と2については、五段動詞の「読む」と「作る」の例も追加します。

◯ 各種の文型に前接する形式 ―「食べる」と「書く」の場合

1. テ-形を要求する文型

一段動詞	食べてください／ています／てもいいです／てはいけません／てあげます／てもらいます／てくれます、など
五段動詞	書いてください／ています／てもいいです／てはいけません／てあげます／てもらいます／てくれます、など 読んでください／でいます／でもいいです／ではいけません／であげます／でもらいます／でくれます、など 作ってください／ています／てもいいです／てはいけません／てあげます／てもらいます／てくれます、など

2. タ-形を要求する文型

一段動詞	食べたことがあります／ありません／たほうがいいです／たり～たりします、など
五段動詞	書いたことがあります／ありません／たほうがいいです／たり～たりします、など 読んだことがあります／ありません／だほうがいいです／だり～たりします、など 作ったことがあります／ありません／たほうがいいです／たり～たりします、など

3. ナイ-形を要求する文型

一段動詞	食べなければなりません／なくてもいいです／ないでください／ない、など
五段動詞	書かなければなりません／なくてもいいです／ないでください／ない、など

2　西口（2011）では、五段動詞の各活用形とそれに後接する文型という観点で活用形と文型の関係を示しています。

一段動詞	食べることにしました／つもりです／と思います／だろうと思います／かもしれません／かどうかわかりません／んじゃないかと思います／と言いました／と聞きました／そうです／ようです／らしいです、など
五段動詞	書くことにしました／つもりです／と思います／だろうと思います／かもしれません／かどうかわかりません／んじゃないかと思います／と言いました／と聞きました／そうです／ようです／らしいです、など

5. 意志形を要求する文型

一段動詞	食べようとします／ようと思います／ようと思っています／ようとしても、など
五段動詞	書こうとします／うと思います／うと思っています／うとしても、など

ここで生じている問題を簡単にまとめると以下のようになります。

（1）一段動詞の場合から考えると、一段動詞では各種の意味や機能を表す文型を特定の形式としてすっきりと捕捉することができるが、そのように捕捉された文型の一部は五段動詞においてはしばしば活用語尾として現れる。

（2）五段動詞の場合から考えると、まず動詞が活用して、1から5のような活用形を派生させて、その後にそれぞれの文型が後接するように見えるが、その場合には、どこから文型として捕捉するのが適当であるか決めがたい。例えば、1のテ-形の場合で言うと、「書いて」までを動詞とすると、文型は「〜ください／います／もいいです／はいけません／あげます／もらいます／くれます、など」となり、意味がつかめなくなる。2のタ-形や5の意志形の場合も同様である。

（3）その上に、テ-形とタ-形は活用が不規則的になるだけでなく、一部で濁音化が生じるので、直接にテ-形やタ-形と言うことができず、概念的にテ-形やタ-形と言っていることになる。

このような事情になっているために、一段動詞の場合の文型ということも絡んで、五段動詞と文型の接続の部分は一筋縄ではいかない状況になってい

ます。しかし、それは前項で話したような欧米語的な文法とは性質がまった
く違います。一方で、**この困難点を活用のむずかしさに集約してしまうのも
早計**です。

　他に、「に」と「で」の違いや「は」と「が」の違いなどの学習困難点を
内包する助詞もしばしば文法の「代表選手」のように言われますが、各々の
助詞はそれぞれの文法的な概念や機能を担っているわけで、前項で言ったよ
うな欧米語的な形式上の約束事としての文法ではありません。可能表現や
「〜たいです」の表現などの場合に、「漢字を書きます」が「漢字が書けま
す」となり、「アイスクリームを食べます」が「アイスクリームが食べたい
です」となるように「〜を」が「〜が」に変わるのは形式上の約束事と言え
なくもありませんが、実際にはやはり「を」と「が」の機能の違いです。例
えば「書き方がとても複雑な漢字を書ける人はすごいと思います」などで
は、動詞は「書ける」と可能の動詞になっていますが、直前の助詞はどちら
かというと「を」に傾きます。他に、「〜(れ)ば」「〜たら」「〜と」という
条件表現の使い分けや、「〜ので」「〜から」という理由表現の使い分けなど
も、学習上の困難点としてしばしば挙げられますが、これもやはり形式上の
約束事ではなく、いつどのように使うかに関わる用法上の学習困難点です。
中級段階で扱われる「〜として」「〜にとって」「〜に対して」などの助詞相
当連語やその他の進んだ文型や文法事項も同様です。

　1-1で論じた諸点やN(p. 65)の斜体部について言うと、こうした諸点が
整っていないと、欧米語ではその文は**文法的に正しくない文**となります。日
本語の場合は、文型とそれに前接する五段動詞の適切な活用形や、助詞や、
接続助詞や、助詞相当連語などいくつかの学習上の困難点はありますが、そ
うした学習課題や困難点は、欧米語的な形式上の約束事とは性質が異なるも
のです。欧米語的な形式上の約束事を形式文法と呼ぶならば、**日本語は形式
文法を免れている**と言っていいでしょう。こうした点に関しては、第7章の
第2節と第3節で改めて論じます。

2. 日本語教育を企画するにあたっての留意点

2-1 日本語習得のどこがむずかしいか

　日本語教育に従事し始めて少し経験を積んだところで、筆者は日本語習得のむずかしさについて以下のようなことを感じていました。そして、この考えは今も変わっていません。以下の 1 の(1)は、前節での議論を反映した部分です。

　📝 **日本語は習得がむずかしい言語か**
1. **日本語はむずかしい言語とは思えない。**
　(1) **日本語は形式的にむずかしいとは思えない。**
　　(a) 日本語は、冠詞、単複、性の一致や数の一致などがない。代名詞も使わない。
　　(b) 日本語の基本構造は、「＜名詞＋助詞＞＜名詞＋助詞＞＜述部＞」という数珠つなぎ構造で、むずかしいとは思えない。また、述部の前の項の順序も固定されていない。
　　(c) 日本語は、文や句の要素を完備したセンテンスで話すよりもむしろ、最低限必要な要素だけを並べて話す傾向が強い。だから、「何かを言う」という意味での話すことはむずかしくない。
　　(d) 基本文型と基礎的文法事項は形式も用法もそれほどむずかしくない。
　(2) **日本語の音声、つまり発音方法はむずかしくない。**
　　(a) 日本語の母音は 5 つしかないので、母音はむずかしくない。ただし、母語では 3 母音しかない学習者などの場合はむずかしい。
　　(b) 子音の種類もそれほど多くなくて、むずかしくない。ただし、母語で該当する子音がない場合は、その子音は当該の学習者にはむずかしい。
　　(c) 長音と短音の対比（「こうこう（高校）」と「ここ」など）や、促音と非促音の対比（「切ってください」と「来てください」など）や、「撥音『ん』＋母音」がむずかしいと言われるが、適切に指導を

すれば、比較的容易に習得が可能である[3]。

(d) アクセント・パターンは基本的に4パターンに限られるので、適切に指導すれば、その4パターンを習得することはむずかしくない。4つのアクセント・パターンの中で学習者にとってむずかしいのは平板アクセントである。この平板アクセントが習得され行使できるようになると、学習者の発音は大幅に改善される[4]。

2. 日本語のむずかしいところ

(1) 五段動詞の活用形と各種の文型の接続は相応にむずかしい。

五段動詞の活用形と各種の文型の接続は、扱い方によっては大きな学習困難点になる。しかし、扱い方を工夫して対応すれば、大きな学習困難点にはならない[5]。

(2) 中級段階の文型と文法事項は形式も用法も相応にむずかしい。

中級段階になると意味や用法が一層細分化されるので、個々の文型や文法事項の習得は相対的にむずかしくなる。

(3) 語彙の習得はむずかしい。

ヨーロッパ系の言語を母語とする人が他のヨーロッパ系の言語を学習する場合は、かなりの程度の語彙の重複や類似を見出すことができる。日本語と他の言語の間では語彙の重複や類似はほとんどない[6]。例外は、外来語である。しかし、その数は多くはない。一方、中国語母語話者が日本語を学習する場合は「漢字の共通性」に基づく語彙習得の容易さがあるが、言うまでもなくそれは中国語母語話者に限られた例外的な状況である。

(4) 文字・表記はむずかしい。漢字は言うまでもなく、ひらがなもカタカナも習得は容易ではない。

アルファベット等を使う言語の話者にとっては、アルファベット以

---

3 NEJ の指導参考書(西口, 2012b)のコラム5(p.45)と「指導のコツ」(p.46)で指導の要領を説明しています。ご参照ください。

4 平板アクセントの指導法については、NEJ の指導参考書(西口, 2012b)の「日本語のヒミツ」(p.43)で説明しています。ご参照ください。

5 自己表現の基礎日本語教育では、動詞を活用させて文型を接続するというふうに分析的に扱うことはしないで、特定の活用形の動詞が前にあるひとまとまりの言葉遣いとしてそれを指導しています。

6 言語間の語彙の重複などについては、西口(2017b)の pp.17-18 を参照してください。

外の文字などほとんど考えられない。ひらがなとカタカナの併用なども学習当初は理解不能である。ましてや、漢字などは得体の知れない奇怪な文字である。ゆえに、文字・表記の習得はきわめて困難であり、同じ理由で、書記日本語の習得もひじょうに困難である。しかし、一方で、漢字にエキゾチックな魅力を感じて熱心に漢字や書記日本語を学習する欧米系その他の学習者もいる。

(5) **自分と相手との関係などを適切に認識して適切な表現法を選択する待遇表現**はむずかしい。

いわゆる敬語がむずかしいと言われるが、尊敬や謙譲などの敬語の表現形式自体はそれほどむずかしくない。むずかしいのは待遇表現である。しかし、待遇表現は進んだ段階の学習課題である。

これを煎じ詰めると、以下のようになります。漢字系学習者は割合が多いとはいえ言語背景的に例外的となりますので、これ以降は、主として非漢字系学習者の場合を念頭において話を進めます[7]。学習困難点として留意するべきところは太字で強調しています。

Ⓠ **習得対象としての日本語**

(1) **語彙を習得することは時間と労力を要する。**

(2) 文構造は特段にむずかしいところはない。

(3) 五段動詞の活用形と各種の文型の接続は相応にむずかしい。

(4) 基本文型や基礎的文法事項はそれほどむずかしくない。

(5) 中級段階の文型や文法事項は相応にむずかしい。

(6) 音声・発音はむずかしくない。

(7) **文字・表記は、漢字がむずかしいだけでなく、ひらがなやカタカナも、アルファベット等を使う言語を母語とする学習者にとってはひじょうにむずかしい。**

---

7 日本語教育では、母語で漢字を使用する中国語母語の学習者を漢字系学習者と言い、それ以外を非漢字系学習者と言います。韓国語母語の学習者で学校で漢字を習った人も漢字系学習者に含めることもあります。本書では論じませんが、漢字系学習者の場合は、状況は大いに異なることとなります。

(8) 漢字の習得は、きわめてむずかしい。

(9) いわゆる敬語は待遇表現として、形式よりもむしろ社会関係の把握とそれにふさわしい全体的な話し方がむずかしい。

　このようなことを考えると、これまでの日本語教育では、本来は特段にむずかしくもない「文法」をもっぱら扱って、日本語習得の他の側面への注目が十分でなかったと思わざるを得ません。さらにそれにとどまらず、「文法」への強い関心は、ほぼ不要と思われる「文法」の学習課題をわざわざ作り出しているのではないかとさえ思われます。その典型が五段動詞の活用です。つまり、各種の文型に適切に対応する活用形で文を作らなければならないというのはその通りですが、マス-形からテ-形などに変換する練習やそのような知識は本当に最初から必要なのでしょうか。また、文構造との関係で上のP（p. 69）の1の(1)の(b)に関連して言うと、日本語の受け身や使役や使役受け身の文などがむずかしいと言われていますが、それは平叙文から変換してそういう文を作らせようとするからむずかしくなるのです。むしろ、受け身文は受け身文として、使役文は使役文として、そして使役受け身文は使役受け身文としてそのまま学習すれば、それらの文を習得することはそれほどむずかしくありません。「〜てもらう」「〜てくれる」「〜てあげる」などの動詞に授受が付加した文でも同様です[8]。適切な活用形を前接させた各種の文型の文の場合にしても、受け身文や使役文などの場合にしても、そのままの文構造で学習すればいいものを、変換作業を介在させることでわざわざそれらの表現の習得をむずかしくしてしまっています。さらに言うと、従来の日本語教育では、そうした変換作業ができることこそが日本語の知識と能力として重要だと考えられているように思われます。

2-2　日本語習得で焦点化するべき領域

　日本語の教師の多くは、上のような変換を含めて文型・文法事項を使って正しい文が作れるように指導することこそが教師の「独壇場」で、それをうまくやりおおせることが教師の「真骨頂」だと考えているようです。特に入

8　NEJではそのような方法を採っています。NEJのユニット18からユニット24を参照してください。

門・基礎段階の教育においてはそのような感覚が強いです。しかし、上で論じたように、その部分は日本語の上達のための重要部分ではないように思われます。翻って考えて、そもそも日本語を教えている人たちは文型・文法事項ばかりを焦点化した教育や指導で日本語を上達させることができると思っているのでしょうか。それとも、ノルマとして自身の授業に文型や文法事項が配当されるのでしかたなくそれを教えているのでしょうか。このあたりは、各自が教師という学習者に対して責任がある者としてしっかりと考えてその責任に向き合う必要があると思います。

　他方で、言語活動に従事するためには相応の語彙知識がなければならないことは誰の目にも明らかです。しかし、**従来の日本語教育では、語彙の習得は文型・文法事項の学習と比べると圧倒的に軽視**され、十分な注意が向けられてきませんでした。これは、まったく非現実的だと言わざるを得ません。

　結論として、基礎的な日本語力を着実に育成するためには、上のQ(p. 71)の(1)の部分、つまり**語彙の習得と習得支援に主に注目**し、**それと関連させる形で文型・文法事項の習得と習得支援をもくろむ((4))**のが適当だと判断されます。そして、次節で論じるように、言葉遣いの蓄えに主眼を置いた教育を企画し教育実践を行えば、語彙と文型・文法事項の習得は自ずと促されますし、(3)の活用形と文型の接続の部分の習得も随伴します。それと並行して書記日本語力も養成したい場合は、書記言語に関わる(7)や(8)の指導を(1)から(4)の習得と相互促進的になるように計画し実施することとなります[9]。

2-3　日本語教育の企画にあたっての留意点

　このように理路をたどって考えると、基幹的な日本語技量を養成する日本語教育を企画するにあたっては、以下の諸点が重要になると思われます。

9　「相互促進的に」と書きましたが、「並行して同時に」という意味ではありません。現在の日本語教育では学習開始時にひらがなを指導し、次にカタカナを指導し、やがて漢字の学習を開始するというのが当然のことのようになっています。しかし、例えば、40-50年前までの北米の日本語教育では、文字の学習を半年あるいは1年遅らせるというのがごく普通でした。音声モードで日本語の基礎を習得することと文字の学習を同時に行うことはあまりにも負担が大きくて「相互促進的」にならないと判断されていたのです。文字や書記日本語の指導をどのようなタイミングでどのように教育プログラムに組み込むかは、どのようにするのが日本語習得の観点から最も有効かや、学習者が日本語として何を期待しているかなども勘案して改めて根本的に考え直す必要があると思います。

𝓡 日本語教育の企画にあたっての留意点

(1) 一定の言語活動という括りを単位として教育を企画すること。

(2) テクスト相互連関性の原理に基づいた言葉遣いの蓄えの形成を習得の基本原理とすること。

(3) 語彙の習得を着実に進めながら、並行して文型・文法事項の習得を進めること。

(4) 語彙も文型・文法事項も取り立てて教えるのではなく、言葉遣いの中で習得すること。

(5) ひらがなやカタカナの習得は、一通り教えて練習したらそれで終わりとするのではなく、教えた後も十分に習得できるまで引き続き補助的な指導を行うこと。

(6) 漢字の学習は、単に個々の漢字の書き方と読み方を練習して覚えるのではなく、音声日本語技量の発達と関連させながら個々の漢字語の学習を積み重ねつつ、それと並行して、漢字の字形と字音と字義をさまざまに関連づけた漢字と漢字語彙の体系的な学習を適宜に加味するのが有効である。ただし、その一方で、漢字習得の困難さの重要部分は漢字の字形の習得（漢字を認識できるようになることと正しく書けるようになること）にあることは間違いないので、字形の習得については、どの学習段階で何をどこまで要求するのが適切であるかは慎重に検討して設定されなければならない[10]。

　前節で論じたように、日本語は形式文法を免れており文の構造も話し方もひじょうに単純です。ですから、文字と表記の習得については別途検討するならば、Newmark and Reibel の言う原理で基幹的な日本語技量を養成する教育を企画することは比較的容易だと予想されました。自己表現の基礎日本語教育を含む表現活動の日本語教育の企画は、以上のような検討と判断の上

10　漢字の字形の学習で重要なことは、個々の漢字は字形素の組み合わせでできており、個々の字形素には原理に基づく正しい書き方があることを最初に知ることです。NEJ の Writing Practice Sheets のユニット 4 からユニット 7 まででは、50 の漢字を使ってそのような練習を提供しています。『みんなの日本語初級 1 漢字』（西口光一監修, 2000、スリーエーネットワーク）の Basic Strokes（同書 pp. 13-16）や『Perfect Master Kanji N2』（西口光一, 2013、凡人社）の Basic Stroke Exercises（同書 pp. 1-5）なども同様です。

に構想された企画です。そして、同企画の重要な創意は、言葉遣いを軸として日本語の習得と習得支援を企図したことです。次節では、自己表現の基礎日本語教育の 1 つのユニットを例として採り上げてそのような企画の内実を提示します。

3. 言葉遣いを軸とした日本語の習得と習得支援

3-1　言葉遣いの「貯金」

　非漢字系学習者にとっては、 日本語は「本当に異な言語」(英語では、truly foreign language)です[11]。ですから、基礎段階における日本語の習得の重要部分は、**空っぽのサイフに語や言い回しなどの言葉遣いという「お金」を蓄えていくような行程**となります。

　自己表現の基礎日本語教育の各ユニットは、第 1 章の 2-1 で論じたように特定のテーマに基づく言語活動という括りになっています。こうしたテーマの括りは、言葉遣いを蓄えるという観点から言うと、**学習者の心の中に作られる「貯金箱」**のようなものです。そして、テーマの言語活動に従事できるようになるためには、その「貯金箱」に、当該の言語活動従事に奉仕する言葉遣いを「貯金」しなければなりません。

　「好きな物・好きなこと」というテーマのユニット 3 を例として、そのあたりの事情を説明します。ユニット 3 までの学習で学習者がおおむねできるようになっていると想定できることの概略は以下の通りです。

> Ｓ ユニット 3 までにすでに習得していると想定できる日本語技量
>
> 　(1) 日本語の音韻を知り、日本語の音節をそれらしく発音することができる。
> 　(2) 自身やクラスメイトの名前を日本語らしい発音で言うことができる。
> 　(3) 自身やクラスメイトのものを中心として世界の国や主要な都市の名前を日本語らしい発音で言うことができる[12]。

11　米国国務省語学研修所の調査によると、日本語、中国語、韓国語、アラビア語を専門職レベルまで習得するには、ヨーロッパ言語を同レベルまで習得する場合の 3 倍以上の時間がかかることが明らかにされています(Omaggio, 1986, p. 21)。これらの 4 言語がしばしば「本当に異な言語」と呼ばれます。

12　NEJ のユニット 1 の Pronunciation Practice(発音練習、p. 9)では、世界の国や主要な都市を

(4) 自身の所属や身分などが言える。

(5)「はじめまして」、「どうぞよろしくお願いします」、「～から来ました」などの自己紹介の定型表現が言える。そして、(3)と(4)の要素も動員して、簡単な自己紹介ができる。

(6)「父」「母」等の家族の呼称を使いながら、主に「～は～です」の文型で、年齢、仕事、学校、学年、人数などを含めて家族の紹介ができる。

(7) (5)と(6)のような話を聞いて理解することができる。また、相互行為的な会話ができる。

　このようなごく初歩的な日本語技量を身につけている学習者が、「好きな物と好きなことについて話す」という心の中の「貯金箱」に「貯金」しなければならないものは何でしょう。まずは、好きな物や好きなことに言及するための言葉が必要です。ですから、**好きな食べ物や飲み物、各種のスポーツや音楽などを表す語を蓄えなければなりません**。そして、好きであることを言明するために「(わたしは)～が好きです」「(わたしは)～が大好きです」というような言い回しも蓄えなければなりません。「～はあまり好きではありません」という言い回しも必要でしょう。また、好きな物はよく飲んだり食べたりするわけですから、「よく～を食べます」や「よく～を飲みます」という言い回しも必要ですし、スポーツが好きな人は「よく～をします」や「よく、テレビで～を見ます」などの言い回しの蓄えが、そして音楽が好きな人は「よく～を聞きます」や「毎日～を聞きます」などの言い回しの蓄えが必要になります。さらに、**誰といっしょにそういうことをするかや、どれくらいの頻度でそういうことをするか、などの語や言い回し**も蓄えておく必要があるでしょう。

3-2　初期的な言葉遣いの蓄え

　それでは、このようなさまざまな語や言い回しなどの「貯金」つまり初期的な言葉遣いの蓄えをどのようにして作っていくのが有効でしょうか。そう

材料としてアクセント・パターンを含めた発音練習をしています。

した「貯金」を有効に行うためのいわばプラットフォームとなるのが、**ナラティブ**です。ナラティブの例として、ユニット3の最初の2つのナラティブを以下に紹介します。

𝒯 ナラティブの例 ― ユニット3の最初の2つのナラティブ

⿴１ リさん

　　わたしは、毎日、朝ごはんを食べます。いつもパンを食べます。わたしは、パンが好きです。ふつうは、トーストを食べます。ときどき、クロワッサンやベーグルを食べます。ときどき、サンドイッチも、作ります。ハムと野菜のサンドイッチが大好きです。サラダとフルーツも、たくさん食べます。そして、いつもオレンジジュースを飲みます。紅茶も、飲みます。ミルクティーが好きです。

⿴２ 西山先生

　　わたしは、毎日、朝ごはんを食べます。たいてい、ごはんを食べます。ときどき、パンを食べます。ごはんのときは、魚とたまごとのりも、食べます。そして、みそしるを飲みます。わたしは、魚が大好きです。さしみも、好きです。焼き魚も、好きです。すしも、大好きです。パンのときは、パンとコーヒーと牛乳とサラダです。ときどき、ヨーグルトも、食べます。わたしは、コーヒーが大好きです。朝ごはんのときは、いつも、コーヒーを飲みます。そして、1日に2・3回、コーヒーを飲みます。紅茶は、飲みません。紅茶は、あまり好きではありません。

西口（2012a,『NEJ vol. 1』pp. 32-33）

　いずれのナラティブも朝ごはんの話をきっかけに好きな食べ物や飲み物について登場人物が話をしています。そして、自然さを保持しながら、そうした話でよく出てきそうな語や句を巧みに散りばめ、そうした話を運営するために必要な各種の言い回しを巧妙に織り込んでいます。

　自己表現の基礎日本語教育での言葉遣いの蓄えの要領は至って簡単です。以下の通りです。

𝒰 初期的な言葉遣いの蓄え

　　ナラティブの各発話の要点をイラストで示したパワーポイントを見せながらナラティブの流れに沿って教師は授業を進め、学習者は次のような経験を蓄えていきます。

　　(1) 教師による発話で、登場人物における事象に関わる語や句とそれに関連する対象や行為などを経験する。
　　(2) 教師による発話で、登場人物における事象を経験する。
　　(3) 登場人物の声（オーディオによる）で、登場人物における事象を経験する。
　　(4) 登場人物の声に従って登場人物における事象の語りを模倣することを通して登場人物の経験を追体験する。

　　上のTの①「リさん」について(1)から(3)までの授業での活動を以下に再現してみます。「、、」は少し長い間を表しています。「…」は表面的には沈黙ですが、学習者は内的に模倣している様子となります。（　）内の「ジェスチャー」と「リピート」は、ジェスチャーを伴うことと、適宜の回数繰り返して言うことを各々示しています。

𝒱 言葉遣いの蓄えのためのパワーポイントを使った授業の流れ

※ T は教師、S は学習者、AU は登場人物のオーディオ。

前振り

T：リさんですねえ。リさんは、学生ですか。

S：はい、学生です。大京大学の学生です。

T：はい、そうですね。大京大学の学生です。何年生ですか。1年生？　2年生？　3年生？　4年生？

S：1年生です。工学部の1年生です。

T：そうですね。どこから来ましたか。タイから来ましたか？　ベトナムから来ましたか？

S：マレーシアから来ました。

T：そうですね。リさんは、マレーシアから来ましたね。

(1) 事象に関わる語や句とそれに関連する対象や行為などを経験する。

T：ユニット3のテーマは、朝ごはんです。
　　リさんの朝ごはんです。
　　朝ごはん（リピート）

S：…

T：朝ごはん、食べます。（ジェスチャー）
　　食べます（ジェスチャー＆リピート）
　　パン。パン（リピート）

S：…

T：パン、食べます。（ジェスチャー）
　　パン、食べます（ジェスチャー＆リピート）

S：…

T：朝ごはん、食べます。

朝ごはん

いつも、パンです。
（リピート）

S：…

パン

T：朝ごはん、食べます。
いつも、パンです。

パン

りさんは、、パン、、
好きです。

好きです

パン、、好きです（リピート）

S：…

パン

好きです

T：ふつうは（ジェスチャー）、
トーストです。トースト、
食べます（ジェスチャー）。
トースト、食べます（ジェ
スチャー＆リピート）

トースト

S：…

T：ときどき（ジェスチャー）、
クロワッサンです。クロ
ワッサン、食べます（ジェ
スチャー）。クロワッサン、
食べます（ジェスチャー＆リピート）

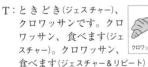
クロワッサン

S：…

T：ときどき（ジェスチャー）、
ベーグルです。ベーグル、
食べます（ジェスチャー）。
ベーグル、食べます（ジェ
スチャー＆リピート）

ベーグル

S：…

T：ときどき（ジェスチャー）、
クロワッサンやベーグ
ルです。クロワッサン
やベーグル、食べます
（ジェスチャー）。クロワッサンやベーグ
ル、食べます（ジェスチャー＆リピート）

クロワッサン　　ベーグル

S：…

T：ときどき（ジェスチャー）、
サンドイッチです。サン
ドイッチ、作ります（ジェ
スチャー）。サンドイッチ、
作ります（ジェスチャー＆リピート）

サンドイッチ

── (1)の活動が続く ──

(2)登場人物における事象を経験する。

T：りさんは、、　毎日（ジェス
チャー）、、朝ごはんを、、
食べます。毎日、朝ご
はんを、食べます。

朝ごはん

いつも（ジェスチャー）、パ
ンを、食べます。パン
を、食べます。

パン

りさんは、パンが、、好
きです。パンが、好き
です（ジェスチャー）

好きです

S：…

T：ふつうは（ジェスチャー）、
トーストを、食べます。
ふつうは、トーストを、
食べます（ジェスチャー＆リ
ピート）

トースト

S：…

T：ときどき（ジェスチャー）、
クロワッサンを、食べま
す。ときどき、クロワッ
サンを、食べます（ジェス
チャー＆リピート）

クロワッサン

S：…

T：ときどき（ジェスチャー）、
　　ベーグルを、食べます。
　　ときどき、ベーグルを、
　　食べます（ジェスチャー＆リ
　　ピート）

S：…

T：ときどき（ジェスチャー）、
　　クロワッサンや、ベー
　　グルを、、食べます。

S：…

T：ときどき（ジェスチャー）、
　　サンドイッチも、作り
　　ます（ジェスチャー）。とき
　　どき、サンドイッチも、
　　作ります（ジェスチャー＆リピート）

S：…

　　　— (2)の活動が続く —

(3) オーディオで登場人物における事象を
　　経験する。

AU：わたしは、毎日、朝ごは
　　　んを食べます。

S　：…

AU：いつもパンを食べます。

S　：…

AU：わたしは、パンが好きで
　　　す。

S　：…

AU：ふつうは、トーストを食
　　　べます。

S　：…

AU：ときどき、クロワッサン
　　　やベーグルを食べます。

S　：…

AU：ときどき、サンドイッチ
　　　も、作ります。

S　：…

　　　— (3)の活動が続く —

　授業ではこうした活動の後に、Ｕの(4)の登場人物の語りの模倣練習を行います。

　パワーポイントを使ったこのような活動を**PPTカミシバイ**と呼んでいます。PPTカミシバイの活動は、まずは語彙を導入して、次に文を導入して、そして口頭練習をするということではありません。むしろ、受容的な形ですが、言葉遣いの行使を伴う実際の言語活動に従事する経験をし、そうした経験を潜在的あるいは顕在的に**模倣しながらことば的経験と関連させつつ言葉遣いを蓄積**しているのです。さまざまな言葉遣いに関して行われるこうした学習を本書では**初期的な言葉遣いの蓄え**と呼びます。これを抽象的に図式化すると図3のようになります。

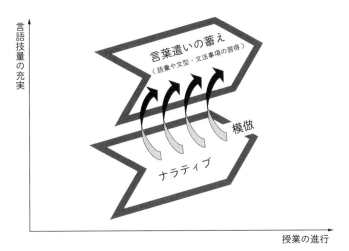

図3　初期的な言葉遣いの蓄え

3-3　言葉遣いの蓄えの増強と補強

　上のような要領で経験の積み重ねとして初期的な言葉遣いの蓄えをしっかりと行った上で、ようやく学習者は産出的な言語活動従事を開始します。はじめは、ナラティブを通して知った登場人物の事情について教師からの質問に答える活動です。そこでは、学習者は、登場人物の事情について、**模倣によって一定程度習得した登場人物の言葉遣いを借用して、登場人物に代わって質問に答える**という形になります。次は、同様のトピックについての「あなたは？」という教師からの質問に答える活動です。そこでは、**模倣によって摂取し蓄えた登場人物の事情とそれを表す言葉遣いとそのテーマについての自身の事情を照らし合わせて、登場人物の言葉遣いを借用したり組み合わせたりしながら答えの発話を構成して発出**します。さまざまな言葉遣いにおいてそのような借用に基づく言語活動従事を重ねることで、学習者は**言葉遣いの蓄えを増強**します。

　さらに、各ナラティブで上のような活動を行った上で、ユニットのテーマについて他の学習者とペアで会話を試みたり、自身の話のエッセイを制作し

たりするなど、より能動的で産出的な言語活動を試みます[13]。そして、学習者はそのような**産出的な言語活動の試みの最中や事後に、ナラティブのテクスト（の記憶）から、あるいは教師や他の学習者から介助やフィードバックを得て、それを流用して新たな言葉遣いを摂取したり、ことば行為をさらに整序**したりしていきます。そして、そのような過程の全体を通して学習者はさらに言葉遣いの蓄えを増強し補強します[14]。このようなことがさまざまな言葉遣いで行われることで学習者は**言葉遣いの蓄えを一層充実して形成**します。そして、そうした学習はすべて**テクスト相互連関性の原理**の下に行われます。

　図3に借用と流用による言葉遣いの蓄えの増強と補強を追加すると、図4のようになります。図で介助・フィードバックと流用の矢印が逆U矢印になっているのは、介助・フィードバックが現在話している学習者が言おうとしていることを汲み取って行われることを示しています。

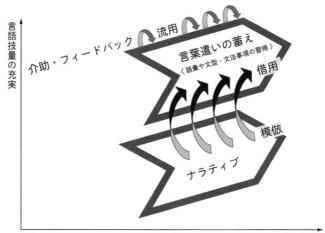

図4　言葉遣いの蓄えの増強と補強

13　1つのユニットのプロトタイプ的な授業プランは、図6(p. 127)で示しています。初期的な言葉遣いの蓄えから、次の言葉遣いの蓄えの増強と補強までの授業実施の要領については、西口(2015a)のpp. 110-118を参照してください。

14　このような学び方は、よく言われる「することによって学ぶ(learning by doing)」ではなく、「介助してもらいながらすることで学ぶ(learning in doing with assistance)」と言うことができます。

言葉遣いの模倣と借用と流用は言葉遣いの領有のバリエーションで、いずれも言葉遣いを摂取して蓄えを形成することに資する契機です。そして、第1章の2-2で説明したように、**言葉遣いの蓄えの形成**はすべて、将来に言語活動に従事するための蓄えの形成となります。

　模倣によるさまざまな言葉遣いの摂取という初期的な言葉遣いの蓄えと、借用と流用による言葉遣いの蓄えの増強と補強を実施する順を言うと、もちろん前者が先で、後者がそれに続くことになります。しかし、実際には、模倣による摂取のための活動をしているときに即興的に学習者に発話を促して借用による強化をするということはありますし、逆に、言葉遣いの蓄えの補強的な活動をしているときに弱点を発見して、模倣による摂取に戻るということもあります。そこの部分は状況に応じて柔軟に行わなければなりません。しかし、一般的には、**模倣による摂取によって初期的な言葉遣いの蓄えを形成することの重要性**を強調しなければなりません。なぜなら、多くの教師においては、安易に学習者に話させる傾向があるからです。言葉遣いの蓄えがほとんどない状態で話させるのは、サイフにほとんどお金が入っていないのに買い物をしてこいと言うようなものです。そのことを本節では「貯金」と言ったのですが、ある程度「貯金」がないと言語活動ができないのは当然のことでしょう。ですから、**学習者に話すことを促すのは初期的な言葉遣いの蓄えを一定程度形成した上で行うのが適当**です。

　言語習得というのは、単に語や文型・文法事項の知識を身につけることではありませんし、それらの知識を組み合わせて、文を作って話したり書いたり、文を聞いて理解したり文章を読んで理解したりする技能を養成することでもありません。また、語や言い回しをただ覚えることでもありません。そのようにモノとしての言語に注目して新しい言語を習得させようとするのではなく、むしろ、**言葉遣いの行使を伴う実際の言語活動に従事する経験をさせて、その経験の中でさまざまな言葉遣いを領有し摂取して、言葉遣いの蓄えを形成する**ことが言語習得の枢要部分です。こうした見解の理論的根拠については、次章でさらに詳しく論じます。

「身元不明」の言葉と「身元が明らか」な言葉

　言語の習得に関してバフチンは、わたしたちは中性的で非人格的な言葉に基づいて言語を習得するのではなく、他者のコンテクストの中で他者の志向に奉仕している言葉を基にして、そこから言葉を獲得して自己のものとしなければならないと力説しています（バフチン, 1996, pp.67-68）。自己表現の基礎日本語教育でも、言語習得の特性をそのように捉えています。すなわち、一般の日本語教科書で提示されているような中性的で非人格的な「身元不明」の言葉は言語習得のためのリソースになることはできず、架空の人物ながらしっかりとした人格のある「リさん」「あきおさん」「西山先生」が特定のテーマで何をどのように話したかという他者のコンテクストの中で他者の志向に奉仕している「身元が明らか」な言葉であってこそ、言語習得のためのリソースになる、と考えています。

　自己表現の基礎日本語教育では、各テーマに関して、それを発話として具体化するための重要な言葉遣いはほぼすべてこの３人の登場人物のいずれかのナラティブで行使されています。そして、それを模倣して言葉遣いを摂取したり、そこから言葉遣いを借用して質問に答えたり、そこにあった言葉遣いを思い出させる介助やフィードバックを流用して改めて発話をしたりして、テクスト相互連関的に日本語を習得しようとするわけです。ですから、学習者が習得するすべての言葉遣いの「身元」はこれらの登場人物のナラティブにあることになります。もちろん、各学習者独自に必要な語や表現は別です。つまり、学習者は、「リさん」や「あきおさん」や「西山先生」のナラティブを自身の日本語の「出どころ」として日本語技量を伸ばしていくわけです。

4. むすび ── 基礎段階と中級段階での言葉遣いの蓄えの位置

　初期的な言葉遣いの蓄えは、自己表現の基礎日本語教育の場合と、テーマ表現の中級日本語教育の場合のいずれにおいても日本語習得のひじょうに重

要な部分です。しかし、既習得の日本語技量の程度の違いで、日本語習得における役割は両者の間で少し異なります。本章の結びとしてその点について触れておきたいと思います。

　自己表現の基礎日本語教育においては、各ユニットで新たな言葉遣いを習得することは直接にユニットのテーマについて言語活動ができるようになることと関わります。つまり、そのユニットまでで育成された言語技量にそのユニットで学習する言葉遣いを加算することではじめてそのテーマについて話せるようになるわけです。それに対し、テーマ表現の中級日本語教育においては、言葉遣いの蓄えはユニットのテーマについてより充実した形で言語活動に従事するために行われることになります。つまり、中級段階に入っている学習者は新しいユニットのテーマについてまったく話せないということはなく、多かれ少なかれテーマの表現活動に従事することができます。各ユニットではその状態をスタート地点として、テーマについて語っているテクストを学習することを通して言葉遣いを補充しその蓄えを拡充することになります。

　また、言葉遣いの蓄えに伴う文型や文法事項の習得については、基礎段階の文型や文法事項の用法は概念的にわりあいわかりやすいので、当該のユニットで当面の習得を達成することが期待できます。しかし、中級段階の文型や文法事項は用法がしばしば概念的に微妙で日本語独特になるために、単独のユニット内での限られたことば的経験だけで習得することは困難だと予想されます。そのために、テーマ表現の中級日本語教育では複数のユニットをまたいでそれらを経験することで習得するというデザインにしています。そうした状況は、「Grammar Summary」の言語事項とそれ以前のユニットで現れる言語事項を対照することでわかりますので、巻末資料2(pp. 176-177)を参照してください。

第4章

言語の習得と集中的な習得支援
― 対話原理とテーマ中心の教育 ―

イントロダクション

　本章から第6章までの3章では、ことばのジャンルを中軸的な視座として、日本語の習得を支援する教育実践の方法を理論的に検討します。本章では、ことばのジャンルを中心に据えて第二言語習得についての理論的な検討を行い、それに基づいて自己表現の基礎日本語教育で各ユニットの目標を達成するための教育実践の原理とその方法について論じます。そして、次章では、ユニットやテーマの枠を超えて日本語の上達を促進する習得支援について議論します。さらに、第6章では、学習者による産出活動と進んだ段階の習得支援について検討します。

　本章では、まず言語なるものは一体何かという考察からスタートして、ことばのジャンルと言語象徴機構という視点を得ます。ここでの議論が表現活動の日本語教育における言語についての見解となります。次の節では、ことばのジャンルとは何で、ことばのジャンルがわたしたちの言語活動従事においてどのような働きをしているかなどについて検討し、言語象徴機構との関係も明らかにします。さらに、第二言語の習得においてもことばのジャンルに注目した習得法が必要であることを主張します。続く節では、前節での議論を踏まえて、従来の言語教育における言語への注目の仕方を批判し、ことばのジャンルに注目することの重要性を説き、その議論を反映した、言葉遣いを軸とした習得支援の方略として言語促進活動というものを提案します。さらに、バフチンと Krashen を対比することで表現活動の日本語教育での対話論的なスタンスを鮮明にします。そして、最後に、第3章の第3節で論

じた初期的な言葉遣いの蓄えと言葉遣いの蓄えの増強と補強について、習得支援の観点から論じます。その結果、前者は受容的言語促進活動となり、後者は産出的言語促進活動と位置づけられます。これらはユニットの教育目標を達成することの核となる言葉遣いの蓄えの形成に関わる2段階の習得支援です。いずれもユニットの目標を達成することに焦点化した集中的な習得支援となります。最後に、表現活動の日本語教育でユニット毎に産出的な目標を設定することの意味を説明します。

1. 表現活動中心の日本語教育における言語についての見解

1-1 言語と言語活動についての見解

　ソシュールのラング(langue)の言語観を、規範として自己同一的な諸形態の体系(system of normatively identical forms)と呼んで批判したバフチンは、言語の現実あるいはその実在の仕方について以下のように論じています。

　　　言語活動(言語・発話)の真の現実とは、言語形態の抽象的な体系でもなければ、モノローグとしての発話でもありません。ましてや、モノローグ＝発話を産出する心的・生理的な作用でもありません。それは、ひとつの発話と多くの発話とによって行われる、言語による相互作用〔コミュニケーション〕という、社会的な出来事〔共起・共存〕です。言語相互作用こそが、かくして言語の根本的な実在の仕方だ、ということになります。(バフチン, 1980, p. 208、傍点強調は原著、以降同様)

　「言語活動(言語・発話)」は英文では、"language-speech"で、「ひとつの発話と…社会的な出来事」は "the social event of verbal interaction implemented in an utterance or utterances" となっています。このようなバフチンの見解は、ウィトゲンシュタインの言語についての見解とぴったりと符合します。Gergen and Gergen(ガーゲンとガーゲン)によるウィトゲンシュタインの言語ゲームの説明を紹介します。

　　　ウィトゲンシュタインの用語で言うと、私たちの「言語ゲーム」(language

game）は生活形式（forms of life）とかれが呼ぶより広範な活動パターンの中に埋め込まれています。実際、生物学者、美容師、銀行家はそれぞれ違った生活形式に従事しています。それぞれの生活形式で、言葉は生活形式を一つに束ねる助けとなっていると同時に、生活形式は言葉に意義と意味（significance）を与えているのです。また、それと同時に、こうした生活形式は私たちの世界に境界をつくっています。（Gergen and Gergen, 2010, pp. 16-17、邦訳 p. 32、一部改訳、括弧内は原著での用語）

この簡潔な説明に凝縮されている内容をまとめてみます。

Ⓦ ウィトゲンシュタインの言語ゲームと生活形式
（1）言語活動の真の現実は、発話によって行われる言語的な相互行為という社会的な出来事である。そのような言語活動の様態をウィトゲンシュタインは言語ゲームと呼ぶ。

（2）実際の言語活動あるいは言語ゲームは、生活形式に埋め込まれている。

（3）言語ゲームは、生活形式を一つに束ねる。そして、生活形式のほうは、言語ゲームに現れる語や言い回しに、生きることから汲み上げた意義と意味を与える。

（4）われわれは一つの言語社会の中にさまざまな種類の生活形式を見出すことができる。そして、それぞれの生活形式はその運営に奉仕する各種の語や言い回しからなる言語ゲームを発達させている。

そして、この最後の(4)がバフチンのことばのジャンル論に接続していきます。

人間のさまざまな活動領域のすべてが、言語の行使とむすびついている。この言語の行使がもつ性格や形式は、人間の活動領域とおなじく種々さまざまなのが当然で、このことは、もちろん、国民全体にとって言語が単一であることと少しも矛盾しない。言語の行使は、人間のあれこれの活動領域の参加者たちの、個々の具体的な発話（話しことばならびに書きことばの発話）のかたちで実現される。これらの発話は、それぞれの活動領域の特殊

な条件と目的を、…なによりもまず、〔発話の〕構成に反映しているのである。…個々の発話は、もちろん、どれも個性的なものだが、しかし言語の行使のどの領域も、われわれがことばのジャンルと呼ぶところの、発話の相対的に安定した諸タイプをつくり上げているのである。(バフチン, 1988a, pp. 115-116)

このようにウィトゲンシュタインは生活形式の多様性に注目し、特定の生活形式にはそれに相応する言語活動の仕方があると指摘し、言語活動がもつそのような性質に注目して言語活動を言語ゲームと特徴づけました。一方で、バフチンも特定の生活形式、バフチンの言葉では活動領域に注目し、生活形式の運営に関与している言葉遣いの相対的に安定した性質に着目して、それをことばのジャンルと呼びました。言語ゲームとことばのジャンルの関係を考えると、言語ゲームは実際に行われる言語活動のことですから、ことばのジャンルは言語活動という人間の生きることの営みから意義や意味を汲み上げて凝結させたプロトタイプ的な話し方(書き方)だということになります。バフチンがことばのジャンルのことを**すでにある凝固した世界観**(congealed old world view、バフチン, 1988b, p. 335)と言っているのはことばのジャンルのそのような性質を捉えてのことです。一方、言語ゲームは生活形式に埋め込まれているわけですから、それらの視点は当然のこととして、言語を行使することは一つの行為をすることだという見解と結びつきます。この点も Gergen and Gergen がひじょうに要領よく簡潔にまとめてくれているので引用します。以下の引用での「言葉」(words)は、むしろ発話と訳したほうがわかりやすいでしょう。

私たちが使っている言葉は、どういう行動をするべきかを私たちに伝えています。例えば、誰かがある物を指差して「椅子」と言えば、あなたは何の躊躇もなくそれに座るでしょう。しかし、同じ物を「貴重なアンティーク」と言えば、おそらくあなたは他のところに座るでしょう。つまり、構成主義者の立場として言うと、私たちは**二重の聞き取り**(double listening)を促されていることになります。すなわち、何を言ったかを聞くことと、それでどうなのかを聞くことという二重の聞き取りです。(Gergen

and Gergen, 2010, p. 16、邦訳 p. 32、一部改訳、太字強調は筆者、括弧内は
原著での用語)

　バフチンの**対話原理**は、このような言語観、コミュニケーション観、人間
観を含む包括的な理論です。そして、表現活動の日本語教育は、対話原理を
理論的基盤として構想された日本語教育です。対話原理の話を続けます。

1-2　話し手と聞き手との共通の領域としての発話

　人は歴史の中の特定の時空間にあり、その時空間を特定の社会的現実とし
て時々刻々と捕捉しながら人として生きることを営んでいます。そうした生
きることの中で人はしばしば他者と出会い、その他者と、他者と自身がいる
その時空間を捕捉して他者と社会的な相互行為に入ります。社会的な相互行
為はしばしばことばの取り交わしを伴って運営されます。それをここでは**社
会言語的交通**と呼びます[1]。

　社会言語的交通の運営に関与していることばは、「わたし」と他者(そのこ
とばが差し向けられている相手)との間に架けられた言語的な橋です。「あな
た」は「わたし」が発したことばを対話の流れの中に定位して、応答します。
その応答を「わたし」はまた対話の流れの中に定位して、応答します。そう
した相互性の下に対話者たちは**交わされることばを「わたし」と「あなた」
が共有する共通の領域として認識し、「わたし」と「あなた」が協働的に展
開し共同的に従事する出来事を経験**していきます。以下のバフチンの言葉は
社会言語的交通で交わされることばのそのような性質を論じたものです。

　　いずれの発話も、「他者」との関係の中にある「人間」を表しておりま
　す。発話の中で、"私"は、他人の視点から、さらに、最終的には"私"の属
　する共同体の視点から、自らを形づくります。発話・言葉は、**"私"と他の**

1　「交通」というのは、バフチンの著書の中のロシア語の obschenie の訳としてしばしば使われ
　ている用語です。obschenie は、「接触」、「交わり」、「交流」、「コミュニケーション」のような
　意味です。「コミュニケーション」とは少しニュアンスが違いますので、敢えて「交通」という
　用語を使用しています。また、バフチンは社会的交通(sotsialnoe obschenie)と言語的交通
　(rechevoe obschenie)というふうに2つに分けて論じていますが、本書ではその両者を複合した
　ものを社会言語的交通と呼んでいます。

人たちとの間に架けられた橋です。この橋は、一方の端では"私"によって支えられ、他方の端では"私"の聞き手によって支えられております。発話・言葉は、**話し手と聞き手とが共有する共通の領域**です。(バフチン, 1980, p. 188、太字強調は筆者)

このような事情は、対面的な口頭言語での言語活動の場合だけでなく、書記言語による言語活動の場合にも当てはまります(バフチン, 1980, pp. 209-211)。バフチンは、人々の実際の言語活動従事でそのように橋渡しとして奉仕する言語をすべて**発話**と呼びます。

対話原理においては、この**橋渡しとして奉仕するという性質を発話の本質的な性質**と見ます。Linell(リネル)は、そのような性質に注目して、発話を**間行為**(inter-act、Linell, 2009, pp. 177-181)と捉えています。また、第2章の第4節で論じた「**飛行中の**」**言語パフォーマンス**という見方も、対話的に交流している当事者たちが交わす発話が言語的思考が活性化された当事者間の対話空間を飛び交うように見えることを「飛行中の」と言っているのです。本書では、発話のそのような性質に留意しつつ、バフチンの言う発話を**ことば**と呼んでいます[2]。

1-3　ことば的事象と言語象徴機構

成人の第二言語の学習者は、自身の言語(第一言語)が使用される世界においては、口頭言語と書記言語の両様で多種多様な言語活動に従事することができます。つまり、自身の言語によることばによって共通の領域を他者と共有して出来事を構成しつつ他者と共にそれに参加することができます。これが、言語ができるということの基本的な内実です。しかし、その同じ人が第二言語の言語活動に従事するとなると、困難が生じます。実際の言語活動従事の契機で**自身と他者が共有する共通の領域を構成するためのことばを首尾よく得ることができず、しばしば言語活動を進展させることができなくなる**のです。ことばというのは、**言語活動従事の当事者の思考や心理が言語という形に結実したものであると同時に、その当事者と他者が共有する共通の領**

2　対話原理についてさらに詳しくは、西口(2015a)の第3章を参照してください。

域を構成するものです。

　そうした**心理言語的なヒューリスティックス**[3]が可能となるのは、当該の主体がそれまでの生きることを通して**ことば的事象**の経験を十分に蓄積しているからです。第1章の注16からの再掲となりますが、ことば的事象とは以下のようなものです。このことば的事象のことを、第1章ではことば的出来事と呼びました。

　　　世界が「事象」を開示してくれて、それが後に言語にコード化されるのではない。むしろ、話すとか書くなどの過程を通して、**体験は言語というフィルターを通してことば化された事象となるのである。**
　　　The world does not present "events" to be encoded in language. Rather, in the process of speaking or writing, *experience are filtered through language into verbalized events.*(Slobin, 2000, pp. 97-98、筆者訳、太字・斜体強調は筆者)

　すでにご理解のように、Slobin が言っている「言語というフィルター」は、そうした心理言語的なヒューリスティックスを一つの心理言語的な機構として捉えたものです。

　心理言語的なヒューリスティックスあるいは言語というフィルターという見方は、実は論理矛盾を内包しています。Slobin のことば的事象の説明では、言語というフィルター、つまり**体験をことばに変換する言語象徴機構**[4]があらかじめ手許にあって、その働きによってことば的事象が経験できると言っています。一方で、上の心理言語的なヒューリスティックスの説明では、ヒューリスティックスはことば的事象の経験を蓄積することによって主

3　所定の計算式に基づく計算処理によって答えを得る問題解決方法をアルゴリズムと言います。これに対し、ヒューリスティックスとは、アルゴリズムのように計算処理によることなく一気に答えに至る問題解決方法です。わたしたちが、言語活動に従事するときに具体的な発話＝ことばを得る過程はまさにヒューリスティックスの過程です。この見解は、西口(2013)のpp. 108-109や p. 120で提示されています。
4　言語が人間の存在やその生のあり方や現実の構成において最も基幹的な役割を果たす象徴機構であるという見方は、カッシーラー(1989; 1997)によってはじめて包括的に論じられました。丸山はソシュールの言うランガージュ(フランス語で langage)は人間のもつ抽象化能力とカテゴリー化能力とその諸活動だと指摘しています(丸山, 1981, pp. 79-92)。言語象徴機構というのはそうした先行研究を引き継いだ視点です。

体に形成され具有されると言っています。そうなると、ことば的事象の経験ができるようになるためには言語象徴機構が必要で、言語象徴機構はことば的事象の経験の蓄積を通して形成されるという循環論理になります。こうした論理矛盾は、マルクス主義の視座では、**対象（世界）と体験は、記号（言語）を媒介とした弁証法的関係にある**として解消されます。つまり、**対象（世界）と体験は、記号を結節点として経験へと止揚される**、となります。

　しかし、弁証法的関係や止揚と説明されても、その内実はイメージしにくいです。人々がどのように言語活動に従事しているのかを解明するために、本書では、バフチンのことばのジャンルの視点を援用して言語活動従事の基底に迫っていきたいと思います。

2. ことばのジャンルと言語活動と言語習得

2-1　ことばのジャンルと言語活動従事を可能にする基底

　ことば的事象の経験を可能にするのは、すでにある凝固した世界観を内包したプロトタイプ的な話し方（書き方）である**ことばのジャンルという文化歴史的なリソース**の働きによります[5]。ことばのジャンルは、談話研究者 Gee（ジー）の言う**キャピタル D のディスコース**（Discourse、Gee, 1999）に対応します。また、ことばのジャンルは、人類学者の Lave（レイヴ）の言う**構造化リソース**（structuring resource、Lave, 1988）、あるいは同じく人類学者の Holland（ホランド）の言う**文化的型**（cultural forms、Holland et al., 1998）[6] の一種としてそれと同様の働きをしています。つまり、ことばのジャンルは、わたしたちが**生きることを営む上で生きることのそれぞれの契機に象（かたち）を与える**という重要な役割を果たしています[7]。そして、それは「**沈殿した歴史的な意味や心的態度をあらかじめ染み込ませて、わたしたちの実際の相互行為の**

5　ことばのジャンルについてさらに詳しくは、西口（2015a）の第1章や西口（2013）の第5章を参照してください。また、原典としては、バフチン（1988a）をご覧ください。

6　Holland et al.（1998）の巻末の著作権表示で、文化的型が理論的に論じられている第1章と第2章は Holland の先行する論考の再掲だと記されていますので、文化的型というアイデアは Holland に帰属するものとして扱っています。

7　van Lier（2004）はことばのジャンルのそのような働きを、生態心理学のアフォーダンス（英語では affordance）という視点で捉えています。

契機にやって来」(Hall, 1995, p. 208、筆者訳)て、わたしたちにことば的事象を経験させてくれ、他者と共に営む言語活動従事を可能にしてくれるのです。そのような意味で言うと、言語はコミュニケーションを媒介するとしばしば言われますが、むしろ言語は経験や意味の媒質だと見るのがより本質的な見方だということになります。ただし、その象り方は、言語間でしばしば異なると付言しておかなければなりません。

　しかし、ことばのジャンルは、構造化リソースなどと同じく、文化歴史的なリソースであって、客観的な実在ではありません。それは**人々による言語活動従事を説明し解釈するための分析的視座**と言うのが適当でしょう。そうしたことばのジャンルは、個人に注目して言うと、**ことば的事象の経験の個人史的な蓄積あるいは沈殿**であり、社会文化史的観点で言うと、**特定の言語を共有して一つの生活圏を構成しているスピーチ・コミュニティにおける各種のことば的事象の集合的な沈殿の総体**となります。そして、前者の場合は、ことばのジャンルの形態は発声の姿の個人史的な記憶で、ことばのジャンルの意味は経験したことば的事象の個人史的な記憶となり、後者の場合は、ことばのジャンルの形態は発声の姿の集合的な記憶で、ことばのジャンルの意味は経験されたことば的事象の集合的な記憶となります[8]。

　このようにことば記号(verbal sign)的に共約化された種々の経験の沈殿が、言語活動に従事するための文化歴史的なリソースとしてわたしたち各々であらかじめ形成されているわけです。そして、そうしたことばのジャンルが、実際の具体的な言語活動従事の契機にヒューリスティックにやってきて、発話の構築や発話の理解と応答を支援してくれるのです。わたしたちが共に言語活動に従事できることを支えているのは、そのようなことばのジャンルという記憶の沈殿が一定の相似性を備えてスピーチ・コミュニティのメンバーの間で共有されているからです。

　ことばのジャンルは、わたしたちが生きることにおいて**言語活動従事を支援し照準してくれる社会文化史的なエネルギーを蓄えた動力のようなものだ**

8　ここに言うスピーチ・コミュニティは、ウィトゲンシュタインの言う生活形式を共にしている人間集団となります。ただし、国民・国語というのをその単位とするか、それとも一つの国民・国語という単位の下にある特定の活動を共有する下位集団をスピーチ・コミュニティとするかは、議論の関心によって変わってきます。1-1 の 1 つめの Gergen and Gergen(2010) の引用では、後者をスピーチ・コミュニティとしています。

と説明してもいいでしょう。社会文化史的なエネルギーを備えたことばのジャンルは、言語活動の当事者である「わたし」の現在(話しかけられた「わたし」)と未来(応答しなければならない「わたし」)を教えて、「わたし」の生を前進させてくれるかのようです。これが、先に言及した言語象徴機構の内実です。そして、**第二言語学習者が身につけ拡充していくべきは、まさにこうした言語象徴機構**なのです。

物の見方⑧

共時性と通時性を内包することばのジャンル

　「ことばのジャンルの形態は発声の姿の集合的な記憶で、ことばのジャンルの意味は経験されたことば的事象の集合的な記憶」という議論が示唆しているように、ことばのジャンルは本来的に通時的な変化を被る性質をもっています。しかし、「何を習得しなければならないか」が問われる第二言語教育の関心としては、ことばのジャンルの「一定の相似性を備えてスピーチ・コミュニティのメンバーの間で共有されている」という共時的な性質に注目してそれを捉えればいいでしょう。しかしながら、やはりことばのジャンルは、客観的な実在ではないと言わなければなりません。言語というのは、本来的にそのような社会文化史的な存在だということです。

2-2　第二言語学習者が習得するべき言語

　上で論じた見解と第二言語の習得についての一般的で常識的な見解とを組み合わせて第二言語の習得について考えると、以下のような見方が導き出されます。

X 第二言語学習者が習得するべき言語

　(1) 第二言語習得の場合は、第二言語の言語的形態を第一言語で形成された「既成の意味」との対比で知り、学ぶという側面はある。

　(2) しかし、そのように学習された語や言い回しは仮初めの(第二言語の)

言葉である。

(3) 第二言語をそれとして習得するためには、スピーチ・コミュニティの
メンバーが織り成す社会言語的交通に入り込んで、**ことば的事象とこ
とばのジャンルを相即的に経験することを積み重ねることを通して、
さまざまなことばのジャンルを摂取**しなければならない。

　この見方では、第二言語習得における第一言語等の既習得の言語への依存
の側面は認めつつ、そうした「既成の意味」に依存した言語の知識を仮初め
のものとしています。そして、同時に、日本語という一つの言語システムを
あらかじめ措定してその中の事項を教えるという方法を拒んで、ことばの
ジャンルを摂取しなければならないという見方になっています。こうした見
方について次節でさらに検討します。

3. 言語象徴機構を育む言語促進活動

3-1　言語への注目の仕方

　第二言語教育の構想において言語への注目は当然必要です。そうでない
と、言語教育になりません。その場合の一つの方法として、言語を一つの客
体的なシステムとして見るという注目の仕方があります。その典型が、言語
を抽象化してさまざまな構造のシステムとして捉えて教えようとする**構造的
アプローチ**です。構造的アプローチでは、**言語を実体として捉えて、その中
に見出される事項を教えたり学ばせたりしようとします。**つまり、そのアプ
ローチでは、教育内容は文型・文法事項や語彙などの言語事項となり、教育
課程はそうした言語事項を配列したものとなります。そして、そのような教
育企画の下での教授活動や学習活動は避けがたく言語事項の指導や学習とな
ります。このように、言語を実体として捉えると、生きた言語の教育を実践
する道を閉ざしてしまいます。一方で、**ニーズ分析**に基づいて策定された教
育企画では、教室外で行われる言語活動が教育内容となります。ですから、
教室での学習活動の中心は、特定されたさまざまな言語活動の模擬演習とな
ります。つまり、実際には教室の外で行われることを、教室の中でやってみ
るわけですから、それは単なる「真似事」になります。そして、その活動は

「真似事」で「お芝居」なので、そこで交わされる言葉は、現実の言語活動が有する自己の存在に関わる充溢した現実への根ざしを欠いたものになります。そのような「お芝居」を通して習得できるのは、当該のシーンで使用される「セリフ」だけです。そして、この「セリフ」というのも構造的アプローチとは異なる観点ながら、やはり言語を実体として捉えています。このように構造的アプローチの場合でも、ニーズ分析的アプローチの場合でも、そこで扱われるのは現実の脈絡から切り離されたモノとしての言語です。そうした**実体としての言語には、現実の構成に関与する言語がもつ生き生きとした生気がありません。**

第二言語教育において言語として注目するべきは、**現実の構成に関与する真性の言語活動従事においてその運営に奉仕することばのジャンルであり、その要素として立ち現れる言語的形態です。**ただし、そうしたことばのジャンルや言語的形態は、カリキュラムにおいては、あらかじめ学習言語事項として設定するべきものではありません。むしろ**結果として期待される成果としてのみ注目**することができます。

第1章の第5節で論じたWiddowsonの言語活動中心の企画の提案は、言語への注目の仕方をそのように転換することを提案しているのです。そして、言語への注目の仕方をそのように転換すれば、教育企画は、当然、第二言語上達の経路を反映した一連の習得課題設定型のユニットという形になります。そして、各ユニット内での習得促進をめざした言語活動空間で行われるべきことは、**発話によってもたらされる行為や出来事の経験と、そうした経験の中でのことばのジャンルとその要素の言語的形態の経験を積み重ねる**こととなります。そのような経験の積み重ねが豊かに行われることでこそ、多元的で多面的で輻輳的で累進的な第二言語習得という過程が有効に促進され、学習者の中に言語象徴機構が形成されるのです。

3-2　言語促進活動

学習者は、**現在の自身の力ではうまく運営できない言語活動に、言語活動の運営と維持に優れた技量を有する他者の支援と介助を受けることで、対話の一方の当事者として従事し、経験することができます。**そのような他者として第一に挙げられるのは、言うまでもなく、**学習者との接触経験が豊富で**

限られた言語表現の範囲で巧みに言語活動が運営できる教師です。そうした支援的な言語活動従事の状況というのは、当該の言語活動に十全に従事するには学習者の言語技量が十分ではないながら言語活動に従事することができている状況です。第2章の第4節で話した「飛行」のメタファーで言うと、学習者の言語技量が十分でないながらも何とか「飛行」し続けている状況です。そして、そのような様態の言語活動従事が**第二言語の最近接発達の領域**を形成し、**第二言語発達の母体**（英語では matrix）を構成するのです[9]。教師によって主導され支援され介助されたそのような様態の言語活動を本書では、**言語促進活動**と呼びます[10]。

　学習者は言語促進活動に従事する経験を積み重ねることを通してことばのジャンルの具現化としての発話によって運営される言語活動従事の経験を蓄積し、同時にことばのジャンルという記憶の沈殿を形成し、その要素となっている言語的形態を習得しそれに習熟していくことができるのです。こうした点について、以下、さらに論じます。

物の見方⑨

ことばのジャンルという記憶の沈殿の形成

　　上の一節で述べられているように、ことばのジャンルという記憶の沈殿の形成には、言語活動従事の経験の蓄積という意味の経験の沈殿を形成する側面とともに、ことばのジャンルが具現化した発話の音声形態の沈殿を形成する側面があります。言葉遣いの蓄えを形成するための模倣や借用や流用などの領有の活動はいずれもその両者に関わっています。あるいは別の言い方をすると、それらの活動はただ単に言語活動従事の経験をさせるのでもなく、ただ言葉遣いの形式だけを模倣するのでもな

9　英語の "matrix" は元々「物を生み出す母体」という意味です。本書では母体をそのような意味で使っています。西口 (2015a) では、第二言語話者がもっぱら話すという接触場面の社会的交通の観察と分析に基づいて第二言語の最近接発達の領域という見方を提示しています（西口, 2015a, pp. 123-147）。

10　英語で言う "language-promoting language engagement"（言語を促進する言語活動従事）をここでは言語促進活動としています。日本語では "language-promoting" も "language engagement" もその意味を短く簡潔に表現することができません。言語促進活動と呼ぶのが、むしろその両者を融合した形でうまく表現できていると思います。

く、経験の沈殿と言語形態の沈殿の両者に関わるように実施されなければなりません。そうした心理言語過程こそが言葉遣いの心内化(第 1 章の3-2)を促進するのです。

3-3 言語促進活動とことばのジャンルと言葉遣い

2-1 で、わたしたちの言語活動従事を支えているのは具体的な言語活動従事の契機にヒューリスティックにやってくることばのジャンルであると言いました。しかし、ことばのジャンルは、分析的な視座であって、実体として特定できる客観的な実在ではありません。そのようなことばのジャンルは、実際の言語活動従事においては**言葉遣い**として立ち現れます。そして、言葉遣いとして立ち現れるとそれは同時に語彙や文型・文法事項の構成体としての姿を見せることになります。このように、言葉遣いは、**一方でことばのジャンルとつながり、もう一方で語彙や文型・文法事項などの言語事項とつながる、非実体と実体の両側面をもつ両性的な存在**です。ですから、ことばのジャンルという記憶の沈殿を形成するというのは、具体的な実体として言うと言葉遣いを摂取することとなります。第 1 章の 3-2 で言葉遣いの心内化として説明したのはこのことです。こうした言語習得の状況をさらに詳しく説明します。

心理言語的なヒューリスティックスを通して言葉遣いとして立ち現れることばのジャンルは、そこで一定の実在性を獲得します。そして、その実在性に観察的な目を向けると、そこに語や文型や文法事項などの言語事項や、句や節や文などの言語的構造体を見出すことができます。言語の習得を促進しようという文脈では、学習者に向けられる言葉遣いや学習者に行使を要求する言葉遣いは、推測を含めて理解可能あるいはおおむね行使可能でなければなりません。そうでないと、学習者は言葉遣いそのものやその中の言語事項に注目してそれを「解読」しようとしたり、「何を言うか」を第一言語で考えた後にそれに第二言語の知識を充当して「翻訳」しようとしたりします。第 2 章の第 4 節で言ったような言語が「飛行」をやめる状況です。そして、そのように言語が実体として捉えられて操作されている状況では、第二言語のことばは、**言語の真の生活圏である対話空間**(バフチン, 1995, p. 370)から

離脱して、言語としての生命をなくした客体的で抽象的な言葉となってしまいます。

　第二言語の最近接発達の領域を形成する言語促進活動では、言語活動従事の状況を維持して、ことばのジャンルとして言語としての生命を維持しながら、言葉遣いの摂取と言語的形態の習得と習熟を促します。具体的に教育実践を行う教師は、受容的であれ産出的であれ、学習者にそのような言語促進的な言語活動従事の機会を豊富に提供しなければなりません。そして、学習者はそこまでですでに育成された言語技量を基盤として、進行中の言語活動に従事することに主な関心を寄せ、言語の表現法にも緩やかに注意を向けながら、能動的で応答的に言語活動に従事しなければなりません。そのような様態で言語活動に従事してこそ、生きた言語を育むことができるのです。第1章の第3節で論じた第二言語習得の基本原理もこのような考えを背景にしたものです。

　第2章の1-2でNewmark and Reibelの第二言語習得についての見解を見ました。かれらは、言語習得のために必要なのは、実際の使用の中にある言語の実例（instances of language in use）を学習者に十分に提示し習得させることだと主張していました。Newmark and Reibelが実際の使用の中にある言語の実例としてイメージしていたのはここに言う言葉遣いと同じものです。そして、かれらの見解は本節で論じた第二言語習得の見解と重なります。

4.　バフチンと Krashen

4-1　言語象徴機構の育成と Krashen の習得

　このような複雑で遠回しな議論をすると、「そんなに複雑な話ではなく、要は語彙の習得と文型・文法事項の指導と定着ということでいいのではないか」という声が聞こえてきそうです。本書での議論はまさにそのような直截的で即物的な発想から脱却して、日本語教育の実践を真に日本語の上達を強力に促進できるように変革するために行っているのです。

　上の声は、一面では正しく、もう一面では間違っています。日本語教育のねらいの重要な部分は、確かに、語彙や文型・文法事項を適正に動員した形で言語活動に従事することができるという成果です。しかし、だからと言っ

て、**語彙や文型・文法事項を取り上げて指導して各々をしっかり定着させる
ことが基本であると結論するのは早計**です。本書での議論は、日本語の上達
と言語事項の習得という一見相反する2つのことを両立させるための道を探
り当てようとしているのです。

　第二言語教育の内容をそのように直截的で即物的な言語事項とした瞬間に
それらは言語としての生命をなくした言葉となり、その教育と指導はKrashen
の言う学習とならざるを得ません。そして、Krashenによると、そうした指
導によって**身につけた知識は発起されたことばを形式面でチェックする機能
しか果たしません。そうした知識は、直截に思考や心理を結ぶ言語象徴機構
とはならない**ということです。

　Krashenの見解によると、意識下で起こる習得を通して育成された潜在的
な言語知識だけが言語の発起に関わることができます。そして、習得を促進
するためには、理解可能な言語入力を大量に与えることが必要となりま
す[11]。第2章の3-1や3-2で論じたように筆者はKrashenの見解を全面的に
支持しているわけではありませんが、受容的な言語活動従事による言語習得
の契機を通して学習者において言葉遣いの蓄えを形成することは言語習得の
ために肝要だと考えています。また、第3章の3-1で論じたように日本語が
大部分の学習者にとって「本当に異なる言語」であることも、そのような部分
を重視する理由の一つになっています。第二言語教育の目的が学習者を実際
に言語活動に従事できる言語ユーザーに育てることであるなら、**授業では言
語がそれ本来の働きをしている形で言語を習得しなければなりません。その
ためには、Krashenの言う学習の活動ではなく、むしろかれの言う習得寄り
の活動が重要な位置を占めるようになります。**

11　Krashenの言う学習された知識と習得された知識については、両者の接触面、つまりイン
　ターフェイスに関して議論があります。インターフェイス説（interface position）とノン・イン
　ターフェイス説（non-interface position）の間の論争です。ノン・インターフェイス説が学習さ
　れた知識は習得された知識に転移することはないという立場であるのに対し、インターフェイ
　ス説は、学習された知識は習得された知識に転移するという立場です。学習と習得をすっぱり
　と2つに分けるKrashen自身は、ノン・インターフェイス説を採っています。つまり、学習し
　た知識は言語を始発する習得した知識には決してならないという主張です。筆者自身は、学習
　した知識はそれなりの形で言語活動従事を支援してくれるし、そのような様態での言語活動従
　事はコンピテンスに参照点を置いた言語技量（第1章の注3（p. 15））の発達を促進するので、学
　習した知識も何らかの形で言語技量に編入されるだろうと考えます。つまり、どちらかという
　とインターフェイス説です。

4-2 Krashen とバフチンの類似点と相違点

Krashen の第二言語習得に関する見解は、バフチンの対話原理と同様に、言語が構造的システムとしてのラング（ソシュール, 1972）のように客体として外部にあるという見方を拒んでいます。したがって個々の語や文型・文法事項などの知識を身につけることが第二言語を習得することとは考えません。むしろ、言語というのは対話主体が内具している言語的な象徴機構であって、そうした象徴機構はすでにそれを身につけている他者との支援的な言語活動に従事することを通してこそ養われると考えます。

Krashen とバフチンの大きな違いは受容的な言語活動についての見方にあります。理解可能な言語入力について説明するとき、Krashen は理解ということや受容ということに特別な注意を払いません。それに対し、対話原理を説くバフチンはそうした部分に特別な注意を払わないで過ごすことはできません。バフチンにとって、**言語活動は本来対話的**です。つまり、言語活動に従事する者は応答しようという姿勢で常に言語活動に従事していると見ます。ですから、バフチンにとって、言語活動者がただ単に理解するということはそもそもあり得ません。理解というのは必ず能動的で応答的な理解です（バフチン, 1980）。**能動的応答的理解**とは、**進行中の言語活動の脈絡で相手から発出される発話を、次に応答する姿勢において、「わたし」と「あなた」の橋渡しをする標識として、進行中の言語活動に定位すること**です。それは、向けられた言葉を単に理解するというような一般に言われる受容的な活動ではなく、むしろ**能動的な現実構成の活動**です。そして、能動的応答的理解は現実構成的な活動であるからこそ、それは言葉遣いを摂取し蓄えることができる契機となるのです。

本書では、言語活動を常に対話的に捉えます。次の節で、受容的言語促進活動について話しますが、そこでの「受容（的）」というのは、今話したような能動的応答的理解の形での受容です。この点を確認した上で次節に進みたいと思います。

5. 言葉遣いの蓄えの形成のための集中的な習得支援

5-1 受容的言語促進活動と産出的言語促進活動

　第3章の第3節で、1つのユニットでの特定のテーマに焦点化した日本語習得の重要な部分として言葉遣いの蓄えの話をしました。そこでは、模倣によるさまざまな言葉遣いの摂取という初期的な言葉遣いの蓄えと、それに続く借用と流用による言葉遣いの蓄えの増強と補強という2段階に分けて言葉遣いの蓄えの形成について説明しました。これらを合わせて本書では**集中的な習得支援**と呼びます。

　初期的な言葉遣いの蓄えは、学習者が受容的に言語活動に従事することで達成されます。前節末で論じたようにここに言う「受容（的）」というのは、あくまで能動的応答的理解の形での受容です。本書ではそのような言語促進活動を**受容的言語促進活動**と呼びます。他方、そうした受容的言語促進活動の上で行われる言葉遣いの蓄えの増強と補強のための活動では、学習者による産出の試みとその中での介助やフィードバックの借用と流用を通して言語が促進されることとなります。それは学習者が産出を試みる脈絡で行われますので、このような言語促進活動を**産出的言語促進活動**と呼びます。

　積極的な学習者においては、まだ言葉遣いの蓄えが十分でない状態で、語彙と文型・文法事項の知識を駆使して話そうとすることがあります。しかし、そういう積極性は奨励するべきではないでしょう。そのようにして習得されるのは第一言語の言葉に依拠した言葉の知識と言語の操作能力で、それは2-2で言った仮初めの第二言語の言葉を強化することにしかならないからです。日本語を日本語の話し方として習得するためには、まずは、熟達した日本語ユーザーである「リさん」や「あきおさん」や「西山先生」の話し方をつかみ取って摂取し蓄えることが重要です。

5-2 現実のことばが有する厚みのある現実への根ざし

　ここで、表現活動の日本語教育における発話や言語的形態の真正性について論じておきたいと思います。

　ニーズ分析的アプローチには、**教室の外こそが現実であるという強い信念**があって、それからなかなか逃れることができません。しかし、そのような

信念の下に、ニーズ分析で明らかにされた各種の「現実の」コミュニケーションや、「依頼する」、「許可を求める」、「誘う」、「誘いを断る」などの具体的な実用を果たす言語活動を採り上げて教育を企画すると、教室の中で日本語を習得するという趣旨で行われる活動が現実のものでなくなります。つまり、教室という空間に現にいる社会的主体である各々の学習者たちがそれぞれの「わたし」として従事する真性の言語活動には決してなりません。そのような企画の下では、学習者は他の学習者たちと共に教室の中に実際にいる「わたし」と「あなた」ではなく、教室の中に仮想された状況でその中の役割を演じる「日本語を練習するわたし」と「日本語を練習するあなた」になってしまいます。そして、その活動は**教室の中に設定された状況での単なる演技とセリフの練習**になってしまいます。それは、学習者各自の「わたし」のあり方に根ざした、「わたし」による言語活動従事ではありません。

　自己表現の基礎日本語教育を含む表現活動の日本語教育では、教室という時空間を、教師と学習者、学習者と登場人物、そして学習者同士が出会い交流する現実の時空間と考えます（第1章の4-2）。同教育で教室に企画される言語活動は、教室の中か外かを問わず時と場所を超えて維持される「わたし」による言語活動です。教師も学習者も、何らかの仮想的な役割を演じて言語活動を試みるのではなく、「わたし」のままで教室で言語活動に従事します。そのような「わたし」たちによって繰り出される発話や発話の試みは「**わたし」たちによる現実の発話や発話の試み**になります。そしてそれは、**それぞれの「わたし」の現実にしっかりと根ざした発話とその試みによる相互行為**となります。そうしたそれぞれの「わたし」の現実にしっかりと根ざした発話や発話の試み及びその中に現れるあるいは現れようとしている言語的形態は抽象的な構造のシステムの要素としての言語ではなく、現実に根ざした真正のことばなのです。

5-3　産出的な目標を設定すること

　第2章の第3節で論じたように、筆者は、産出（話すことや書くこと）は習得の結果であって、原因ではないという Krashen の見解に賛同します。その帰結が、上で論じたような受容的言語促進活動や産出的言語促進活動を重視する見解となります。しかし、学習者として、あるいは教師としても、や

はり日本語を話してみたり書いてみたりしてこそ日本語ができるようになったことを実感します。そうしたことを考慮して、自己表現の基礎日本語教育では、**習得の行程をユニットに区切って、ユニットの終了時には一定の産出的な言語活動従事ができることを観察可能な目標として設定**しています。そして、同時に**ユニット内では受容的言語促進活動から産出的言語促進活動へと徐々に移行する集中的な習得支援で言葉遣いの蓄えを形成することを意図した教育スキーム**を採っています。具体的には図6 (p. 127) にあるように、授業1から授業4と授業5から授業8は、各々で受容的言語促進活動から産出的言語促進活動に移行するようになっています。また、授業11の「エッセイ準備活動」や、それに続く「エッセイ作成」や、授業12の「エッセイの交換」などは、日本語ができるようになったことが観察できる産出活動になっています。

　このような産出課題設定型の教育スキームは、**第二言語習得研究の知見との関連での妥当性**と、**目標達成感やそれに基づくモチベーションの増進の面での教育実践的な合理性の両者をバランスしたスキーム**だと言うことができるでしょう [12]。テーマ表現の中級日本語教育でも同様のスキームを採用しています。

物の見方⑩

テクスト相互連関性とエッセイ、そして日本語で経験できる世界の拡張

　表現活動の日本語教育では、各ユニットの学習の終盤でユニットのテーマについてエッセイを書きます。以下のエッセイは、ユニット3である学生が書いたエッセイの前半部です。これに続く後半部は、好きなスポーツの話になります。図6 (p.127) のような授業の流れで宿題として課されたエッセイです。表記もそのままにしてあります。

　　わたしは〔たべること〕がすきです。まいにち、〔あさごはん〕をたべます。いつも、〔ごはん〕をたべます。ごはんのときは、〔たまごと

12　後者は、自己効力感ということと関連しています。自己効力感については、エピローグで関連の議論をしています。

やさいとフルーツ〕もたべます。ときどき、パンをたべます。〔トースト〕や〔サンドイッチ〕をたべます。あさごはんのときは、〔みず〕をのみます。〔ぎゅうにゅう〕ものみます。〔ぎゅうにゅう〕が（だい）すきです。

　この学生は、スタート時は日本語初習で、上は日本語学習開始2週間後のエッセイです。この学生を含めて大部分の学生はこのような内容のエッセイを書き、口頭でも話すことができて、他の学生の話を聞いて理解できるようになっています。

　このエッセイを少し観察してみると、ユニット3の最初の2つのナラティブ（巻末資料3(pp.178-179)）から言葉遣いを「盗み取って」構成していることがわかります。下線部はナラティブ1から、そして二重下線はナラティブ2から「盗み取って」います。2つ目の文と、最後の文は、2文にわたる言葉遣いをナラティブ1から「盗み取って」います。〔　〕内には自身の事情に合致する言葉を入れています。学生がテクスト相互連関性の原理（第1章の2-2）に基づいて日本語の習得を進めている様子がよくわかります。

　自己表現の基礎日本語教育では、各ユニットで言葉遣いを軸としてテクスト相互連関的に日本語を習得しながら、「自己紹介」（ユニット1）とごく簡潔な「家族の紹介」（ユニット2）から始まって、上のような「好きな物・好きなこと」（ユニット3）を皮切りとして、「わたしの一日」（ユニット4）、「金曜日の夜」（ユニット5）、「外出」（ユニット6）、「わたしの家族」（ユニット8）、「わたしのしたいこと」（ユニット9）というふうに日本語で経験できる世界を徐々に広げていきます。そして、コースの終わり頃には、「ほめられたこと・しかられたこと」（ユニット20）、「しつけ」（ユニット21と22）、「ひどい経験」（ユニット23）というふうに時間と空間を広げて日本語で経験できる世界を一層拡張していきます。そして、最後は、自分の国の「言語・地理・気候」（ユニット24）についての言語活動へと至ります。このように自己表現の基礎日本語教育は、各々の学習者が自分自身の声を獲得していく経路（物の見方①、p.22）であると同時に日本語で経験できる世界を拡張していく経路となっているのです。

6. むすび ― 言語促進活動と言語促進相互行為仮説

　Scarcella and Oxford は、第二言語教育者向けに第二言語の教育の原理と方法をエレガントな語り口で論じた "The Tapestory of Language Learning"（Scarcella and Oxford, 1992）で、ヴィゴツキーの発達理論に基づく第二言語習得の仮説として言語促進相互行為仮説（language-promoting interaction hypothesis）を提唱しています。本章で論じた言語促進活動のアイデアは、かれらの言語促進相互行為仮説から発想を得たものです。ただし、本書の言語促進活動はかれらの言語促進相互行為よりも受容的な習得の契機に重きを置いています。

　また、Scarcella and Oxford（1992）では、本章で行ったような言語観や言語習得観から説き起こす詳細な議論は行われていませんし、バフチンの言語哲学や対話原理についての言及も一切ありません。そのような意味で言うと、本章での議論は、かれらの仮説を理論的に補充したものと位置づけてもいいでしょう。

第5章

総集的な習得支援と対話原理
― 個別のテーマを超えた習得支援 ―

イントロダクション

　前章では、表現活動の日本語教育の各ユニットの目標を達成することをね
らいとした集中的な習得支援の話をしました。表現活動の日本語教育では、
集中的な習得支援の他にもう一つの習得支援の活動が構想されています。そ
れが、テーマやユニットの枠を超えて日本語の上達を促進する総集的な習得
支援です。本章では、総集的な習得支援について話をし、それとの関連で、
対話原理と言語習得の関係についても検討します。

　総集的な習得支援は、言語事項の習熟と言葉遣いの多様化という2つの側
面で言語習得を促進する言葉遣いの豊富化の活動となります。はじめに、言
語事項の習熟について話します。次に、具体的な例を挙げながら言葉遣いの
多様化の話をします。さらに、こうした言葉遣いの豊富化の話は同活動と対
話原理の関係の検討へと進みます。そして、真の言語を育成しようとするす
べての試みは、対話的交流の脈絡で行わなければならないという主張へと至
ります。

　最後に、表現活動の日本語教育における習得支援のスキームが、前章で
論じたユニットの目標達成に焦点化した主として言葉遣いの蓄えの形成を
めざす集中的な習得支援と、本章で論じるテーマやユニットの枠を超えた
言葉遣いの豊富化をめざす総集的な習得支援の二層構造になっていること
を指摘し、豊かな言語促進環境創造に向けた段階的な実践のステップを提
案します。

1. 言葉遣いの豊富化のための総集的な習得支援

1-1　言語事項の習熟

　表現活動の日本語教育においては、ユニット内で特定のテーマに焦点化して行われる言葉遣いの蓄えの形成のための集中的な習得支援の他に、**ユニットの枠を超えてそこまでの学習内容を総集的に扱うもう一つの習得支援の活動**が構想されています。本書では、それを**総集的な習得支援**と呼びます。

　集中的な習得支援がユニットの目標の達成に向けた言葉遣いの蓄えに関心を置いているのに対し、総集的な習得支援は**言葉遣いの豊富化**に関心を置いて行われます。言葉遣いの豊富化には、言語習得の2つの側面に関わる2種類の過程が含まれます。**言語事項の習熟**と、**言葉遣いの多様化**です。この2つの過程は当面は分けて論じますが、実際には総集的な習得支援である言葉遣いの豊富化ということの表と裏の関係になります。つまり、言語的形態の習得という観点から見ると言語事項の習熟となり、さまざまな言葉遣いの習得という観点から言うと言葉遣いの多様化となります。はじめに、本項と次項で言語事項の習熟について話します。そして、次々項では、言葉遣いの多様化について話します。

　日本語の教師の間では、しばしば既習事項と未習事項という用語を使って学習者の言語知識の状況について語られます。つまり、「△△は既習事項なのに、学習者たちはまだ身についていない」や「××は未習事項なのに、Sくんは作文の中で使っていた」というふうに語られます。その場合の意味は、既習事項は当該の教育課程ですでに学習事項となった言語事項で、未習事項はまだ学習事項となっていない言語事項です。日本語の教師はこうした既習事項と未習事項の区別をひじょうに重視します。それは、実は、本来の直接法(pp. 57-58を参照)の時代にその区別が厳しく言われていたことの名残です。

　既習事項と未習事項の区別は学習者に期待できる日本語パフォーマンス(話すことや書くことだけでなく、受容や相互行為をも含む実際の言語活動の遂行)の一定の目安にはなります。しかし、学習者の日本語パフォーマンスを実際に左右するのは、むしろ習熟した言語事項か未習熟の言語事項かという要因です。つまり、学習者は、**既習事項であるか未習事項であるかにか**

かわらず、習熟した言葉は自身の言語活動従事で自在に利用することができますが、未習熟の言葉は利用することができません。ですから、「△△は既習事項なのに…」とか「××は未習事項なのに…」というふうに不満げに語ることは詮無いことです。

そのように不満げに語ることの背景には、第一に「しっかりと教えたのに身についていない」という焦燥感があるわけですが、その背後には、**一つの言語事項は一時の集中的な指導と学習で習得できるはずだという信念**が潜んでいます。しかし、その信念は第二言語習得の現実と乖離しています。そもそも**一つの言語事項を一時で指導しきることや、習得しきることはできません。言語技量の充実に伴ってさまざまな言語事項の習熟が同時に並行的に徐々に進行する**というのが言語習得の行程の現実です。

それぞれの言語事項は言語活動従事の中でのそれについての経験の豊富さによって習熟度がさまざまに異なります。ここでは、言語事項を習熟度で仮に5段階に分けて、新知語、未習熟語、半習熟語、習熟語、完熟語と呼ぶこととして、教師と学習者の間での相互行為に注目してさらに議論を進めます[1]。

1-2 言語事項の習熟の促進

教師と学習者の間での相互行為で、学習者が話し手のターン（話をする順）にある場合には、学習者は主として完熟語と習熟語に依拠して、可能な範囲で文法的な発話を駆使して共通の領域を部分的にでも確保しながら、相互行為を運営します。話の脈絡などの影響で連想で半習熟語が動員できるときもあるでしょう。聞き手である教師は、**学習者の話がわかりにくいときには話している学習者を積極的に介助したり、学習者の発話が不全である場合にはそれをより整序した形で学習者に示して発話を介助したり**することができます。前者は、介助を受けながらの言語パフォーマンス[2]、後者は**リペア**（repair）や**リキャスト**（recast）[3]などのフィードバックを伴った言語活動従事

---

1 ここでは便宜的に「〜語」と呼んでいますが、ここでの議論は語に限らず句や文型などについてももちろん該当します。

2 そのような言語活動従事の様態については、西口（2013）の第10章や、西口（2015a）の第7章などを参照してください。

3 リペアやリキャストなどについては、大関編著（2015）を参照してください。

となります。

　介助やフィードバックを与えるにあたっては、学習者に承認可能な形でそれを行うことが重要です。学習者に承認不可能な形で、つまり未知の言語事項を含む形で行われた介助やフィードバックはそれ自体が新たなコミュニケーション不全を引き起こす原因となります。それに対し、学習者に承認可能な形で行われた介助やフィードバックは、学習者がそれを言語活動従事のただ中で自身の発話に摂り入れることで学習者における言語事項の習熟を促進することができます。これが**産出の契機での言語事項の習熟**です。

　一方、教師が話し手で学習者が聞き手のターンにある場合は、何が共通の領域として利用可能で何が利用可能でないかをおおむね予想することができる教師は、**共通の領域として利用可能な言葉遣いを巧みに選んでそれらを行使しながら言語活動を展開する**ことがかなりうまくできます。その際に教師は完熟語や習熟語だけでなく、意図的に半習熟語や未習熟語なども巧みに動員して言語活動に従事することもできます。次項のＹの教師の話し方はその一例です。言うまでもなく何が習熟語で何が半習熟語なのかなどはあらかじめわかるわけではありませんし、個々の学習者によっても異なります。そのような状況で教師は、学習者の反応を見ながら、用いる語だけでなく、話し方や話の展開の順序なども柔軟に調整しつつ、わかりやすく話すことができるということです。

　このように教師は、学習者にわかりやすい話し方ができる言語的な器用人であり、その巧みな話し方で学習者に話しかけることができます。接触場面相互行為の練達者である教師は、接触場面でうまく相互行為が運営できるだけではありません。言語的な器用人である教師は、**自身が積極的に話すということを決めさえすれば、たくさん話すことを通して言語事項の習熟を強力に促進することができる**のです。教師は主に完熟語と習熟語を使って学習者を楽しませる話をすることができるでしょう。また、半習熟語などを織り交ぜることにより言語的に少しチャレンジングな話し方をすることもできるでしょう。そして、そのような場合には、言語事項の習熟を促進するために意図的に言葉遣いの繰り返しも行うでしょう。さらには、そのような理解可能な話の展開の一部に、写真やイラストやジェスチャーや手の動きによるイラストレーションや媒介語での注釈などの補助を伴って未習熟語や新知語など

を織り交ぜることで、言語活動の可能範囲を拡大しながら相互行為を拡張的に展開することもできます。そして、学習者はそのような教師主導の言語活動にもう一方の当事者として従事することで、さまざまな言語事項を新たな文脈で経験して習熟することができます。これが、**受容の契機での言語事項の習熟**です。

1-3　言葉遣いの多様化

　言葉遣いの豊富化のもう一つの側面である言葉遣いの多様化は、受容の契機で言語事項の習熟を促す習得支援活動で並行して起こる言語習得の側面です。学習者の言語事項の習熟度に配慮しながら話を巧みに展開するとき、教師は主に完熟語と習熟語と半習熟語を組み合わせて、そして時には未熟語や新知語も使って話をします。そして、その際に教師は巧妙な言葉遣いで話を展開します。その中には、学習者では発想することができない語の組み合わせもしばしばあります。学習者はそのような話し方を聞いて教師の話を理解する経験を積み重ねることで自身の言葉遣いを一層多様化します。

　具体的な例を挙げてみましょう。NEJ のユニット 4 は「わたしの一日」というテーマで、一日の生活の習慣について話します。そのユニットの授業の半ばや終わりあたりで、筆者はいつも以下のような話をします。この中で波線部は学習者にとって未知の語と予想されますが、この話の流れと随伴するジェスチャーで十分にそこで起こっていることば的出来事はわかると想定されます。「犬」は写真を見せて、「これは『犬』です」と明示的に示しています。それ以外の部分は、習熟の程度はさまざまだと思われますがすべて既習の語の組み合わせになっています。

　Ｙ **言語事項の習熟と言葉遣いの多様化のための教師の話**
　【犬の写真を見せて】

　　これは「犬」です。これはうちの犬です。名前はワ
カちゃんです。ワカちゃんは、まだ 1 さいではありま
せん（ジェスチャー）。まだ 5 か月（手で「5」を示す）です。
わたしはワカちゃんと毎日散歩します（散歩の動作のマ
ネ）。1 日に 2 回、散歩します。朝と夜に散歩します。

わたしはいつも5時に起きます。そして、ワカちゃんに「おはよう」と言います(ジェスチャー)。ワカちゃんに朝ごはんをあげます(ジェスチャー)。ワカちゃんはいつもドッグフードを食べます。いつも、同じドッグフードです。そして、わたしとワカちゃんは散歩に行きます。30分くらい散歩をします。散歩のとき、ワカちゃんはとてもハッピーです(わからなさそうなときは happy と言い添える)。わたしもとてもハッピーです。

　5時半ごろ、うちに帰ります。わたしは1時間くらい仕事をします。ワカちゃんは、また寝ます。

　6時半ごろ、朝ごはんを食べます。朝ごはんは、自分で(ジェスチャー)作ります。そして、一人で(ジェスチャー)食べます。そのとき、(わたしの)妻は起きます。そして、お弁当を作ります。

　朝ごはんは、いつもパンです。パンとコーヒーとサラダとヨーグルトです。いつも、パンとコーヒーとサラダとヨーグルトです。昨日(ジェスチャー)、パンとコーヒーとサラダとヨーグルト。今日も(ジェスチャー)、パンとコーヒーとサラダとヨーグルト。あしたも(ジェスチャー)、パンとコーヒーとサラダとヨーグルト。いつも、パンとコーヒーとサラダとヨーグルト。いつも、同じです。

　朝ごはんのときは、いつもコーヒーを入れます(ジェスチャー)。朝のコーヒーが大好きです。朝のコーヒーはとてもおいしいです。

　朝ごはんのときは、テレビを見ます。そして、新聞を読みます。

　わたしは、いつも、7時ごろに学校に行きます。お弁当を持って(ジェスチャー)、学校に行きます。

　ここで注目したいのは、下線部です。下線部はいずれも既習の語の組み合わせになっています。しかし、その組み合わせは学習者にとっては新たな組み合わせとなっています。例えば、「うちに帰ります」という組み合わせは勉強しましたが、「うちの犬」という組み合わせは勉強していません。また、移動の所要時間として「〜時間」や「〜分」は勉強していますが、時間の長さの用法となる「30分くらい散歩をします」や「1時間くらい仕事をします」という組み合わせは勉強していません。「サンドイッチを作ります」は勉強していますが、「お弁当を作ります」は勉強していません。そして、「い

つもパンを食べます」は勉強していますが、「朝ごはんは、いつもパンです」という組み合わせは勉強していません。しかし、そのような新しい組み合わせの言葉遣いを行使したとしても、それぞれの脈絡の中で学習者は問題なく筆者の話をわかってくれます。そして、学習者は新たなことば的事象を経験するとともに、それに関与している、既知の言葉の新しい組み合わせの言葉遣いも経験するわけです。そのように脈絡がよくわかる話の流れの中で**既知の言葉の新しい組み合わせのさまざまな言葉遣いを経験**することで、学習者は多様なパターンの言葉遣いを豊富に習得します。これが**言葉遣いの多様化**です。

2. 対話原理と言語習得

2-1 言葉遣いの豊富化という活動

　「上のYのような話を学習者に時にふれ折にふれたくさん聞かせてください」と言うと、従来の日本語教育の発想で考える教師は「ああ、聴解練習をたくさんすればいいのか」と言うかもしれません。そのように簡略に言ってもいいのですが、「聴解」という言い方は、表現活動の日本語教育が標榜する対話主義（英語では dialogism）の反対の立場である独話主義（英語では monologism）の見方になるということは留意しておいてください。

　言語事項の習熟と言葉遣いの多様化を促進する言葉遣いの豊富化の活動は聴解練習ではありません。**ユニットの枠を超えて総集的に言語象徴機構を増進するための対話的な習得支援活動**です。先のYのような教師の話を聞いている最中に学習者は、言葉を発するか発しないかはいずれにせよ、能動的な対話者としてその話を聞き、その中身に応答していなければなりません。それでこそ、それは真性の対話的な言語活動従事となるのです。能動的な対話者として教師による話を聞いている学習者の予想される応答の内的なことばを主に日本語で一部英語で〈　〉内に書いてみます。実際には、学習者は自身の言語でこれらの応答をしているかもしれません。Yの前半に限定して以下に書きます。

Z 教師の話とそれを聞く学習者の応答

これは「犬」です。〈あー、かわいいdog。ああ、イヌ！〉これはうちの犬です。〈あー、先生の犬。かわいいねえ〉名前はワカちゃんです。〈あー、「ワカちゃん」。ぼくの犬は、ジョージ〉ワカちゃんは、まだ1さいではありません（ジェスチャー）。まだ5か月（手で「5」を示す）

です。わたしはワカちゃんと毎日散歩します（散歩の動作のマネ）。〈ああ、散歩！　ぼくも、ジョージと散歩します〉1日に2回、散歩します。朝と夜に散歩します。〈ああ、ぼくは、（ジョージと）土曜日と日曜日だけ、散歩します〉

わたしはいつも5時に起きます。〈わあ、早い！　何をしますか？〉そして、ワカちゃんに「おはよう」と言います（ジェスチャー）。〈はい、Good morning, Waka-chan!〉ワカちゃんに朝ごはんをあげます（ジェスチャー）。〈はい、ごはん、ごはん〉ワカちゃんはいつもドッグフードを食べます。いつも、同じドッグフードです。〈はい、ジョージもいつもドッグフードを食べます〉そして、わたしとワカちゃんは散歩に行きます。〈えー、朝の5時から散歩？〉30分くらい散歩をします。〈5時から？〉散歩のとき、ワカちゃんはとてもハッピーです（わからなさそうなときはhappyと言い添える）。〈はい、ジョージも散歩が大好きです〉わたしもとてもハッピーです。〈はい、朝の散歩はrefreshingですねえ〉

このように学習者は、教師の話を理解しているのではありません。話を聞いて、楽しんで、それに応答しているのです。そして、このような**対話的交流としての言語活動従事の状況こそが真正の言語を育む母体**となるのです。

Zでは教師によるYの話を学習者が応答の声を外言化しない様態で示しました。そのような状況では、学習者はうなずいたり「へえー」とか「ほー」とかいう表情を見せたりしながら教師による話を聞いていることでしょう。実際には、学習者がわからない顔をしていたら、教師はもう一度繰り返したり、手の動きによるイラストレーションで対象を示しつつもう一度話したりします。また、学習者のほうもただ黙って聞いているのではなく、「へえー、そうですか」と短く応えたり、尋ねたり、コメントを言ったり、

自身の話を付け加えたりします。つまり、教師が学習者を引きつけることに成功し学習者が教師の話を興味・関心をもって聞いていれば、その言語活動の状況は自ずと相互行為的で、顕在的に対話的になります。

　言葉遣いの豊富化でもう一つ指摘しておかなければならないことがあります。それは、言葉遣いの豊富化の活動の中での未知語との遭遇です。写真の提示やジェスチャーや話の流れで「分からない」ということは発生しないとはいえ、言葉遣いの豊富化の活動の中で学習者はしばしば未知語に出会います。YやZでは、波線部です。言葉遣いの豊富化の活動をうまく実施すれば、学習者は全体としてその話を興味をもって聞くという経験をします。つまり、話がわかっているわけです。そうすると、そのわかっている話の上に載る形で、例えばYやZでは、「犬」「名前」「まだ〜ではありません」「まだ5か月（です）」などの未知語を随伴して経験するわけです。これはいわば**予備的なことば経験**となります。予備的なことば経験というのは、その経験や学習は必ずしも注意を向けた意識的なものではないかもしれませんが、後に例えば誰かが写真を見せながら小さい子どもの話をしているときに、例えば「ナマエ」や「マダ（〜さいです）」や「イヌ」などを耳にしたときに、学習者は「ああ、こんな言葉、先生の犬の話で聞いた覚えがある」というふうに現下の経験と先生の犬の話の経験を結びつけます。そして、その話のことばの部分の記憶の痕跡があれば、「あー、『ナマエ』は "name"、『マダ（〜さいです）』は "He is still 〜 year old" とか "He is as young as 〜 year old" で、『イヌ』は "dog" だ！」とテクスト相互連関的に結びつけることができます。このように、予備的なことば経験というのは、わかっている話の上に載せられた新しいことばの予備的な経験です。言葉遣いの豊富化の活動をしていると多かれ少なかれこうした経験が伴います。そして、それは言語習得のための一つの貴重なリソースとなります。このような有益さからも、言葉遣いの豊富化の活動は推奨されます[4]。

　最後に、表現活動の日本語教育を支える教材である NEJ や NIJ では、言

4　「ああ、こんな言葉、先生の犬の話で聞いた覚えがある」という学習者の内的なつぶやきからわかるように、ことば的経験には話された内容だけでなく、話を聞いた経験も含まれます。つまり、ことば的経験で経験する言葉は抽象的な言葉ではなく、物の見方⑦（p. 84）で言った「身元が明らか」な言葉で、そのような言葉こそが言語習得のための重要なリソースになるのです。

葉遣いの豊富化の要素はナラティブにも豊富に含まれていることを指摘しておきたいと思います。例えば、NEJ について言うと、各ユニットのナラティブは基礎（初級）の教材としてはかなり長いです。しかしそれは、後続のナラティブにおいて先行のナラティブで学んだ語や言い回しの新しい使い方や組み合わせをよく使用しているからです。そして、取り立ててそのようにしているのではなく、NEJ では一貫して登場人物が話をしているという体裁になっているので、話の流れの自然な結果としてそのようになるのです。また、NIJ では、「Conversation」が「リさん」と「中田さん」の一連の会話となっており、「Lecture」が「西山先生」の一連の講義になっています。ですから、会話の流れや講義の展開の必然として NIJ でも言葉遣いの豊富化の要素が含まれるようになっています。

2-2　対話的交流と言語習得

　言葉遣いの豊富化のための活動は言うまでもなく、前章の第 5 節で論じた受容的言語促進活動も産出的言語促進活動も、表現活動の日本語教育の基本原理である対話原理に貫かれた対話的交流の脈絡で行われることを前提としています。**真の言語を育成しようとするすべての試みは、対話的交流の脈絡で行われなければなりません。独話的に行われる疑似言語活動は真の言語を育むことはできません。**第 4 章の 1-1 で話した二重の聞き取り (p. 90) に照らし合わせて言うと、ここに言う**独話的**というのは、「それでどうなのか」に**関心を向けないで「何を言っているか」にばかり注目して聞くという様態で聞き手が話を聞いている言語活動状況**を言います。第二言語の習得と教育の文脈で言うと、先の「聴解」の話の箇所で言ったように、**相手の話を単に言語的に処理する状態（解読）を作ってしまって、内的あるいは外的に応答することを閉ざして聞いている状況**です。また、話す局面について言うと、**まず話す内容が（おそらく第一言語で）あって、その後にそれを逐次に第二言語に変換しながら話している状況（翻訳）**です。独話的というのは、一人の人（例えば学習者の一人や教師）だけが話しているという意味ではありません。上の Z (p. 116) の例のように、観察される状況としては一人の人だけ（Z の例では教師だけ）が話していても、聞いている側が興味・関心をもって聞き、うなずいたり、小声であいづちを打ったりしていれば、それは対話的となりま

す。そして、学習者がもっぱら話すのであれ、あるいはもっぱら聞くのであ
れ、または相互的にことばを交わすのであれ、**学習者が対話的交流として言
語活動に従事している状況こそが学習者において言語が発達する母体を形成**
します。そして、**そうした形で言語活動に従事する機会を豊富に提供し続け
ることが授業を豊穣な言語育成空間に仕立て上げるのです**。ことばが対話者
間の空間に「飛行」しない独話的な状況は、言語発達の母体を形成すること
ができません。

3. むすび ― 二層構造の習得支援スキーム

前章の第5節と本章の議論で明らかなように、表現活動の日本語教育にお
ける習得支援のスキームは、**ユニットの枠内でユニットの目標達成をねらっ
た言葉遣いの蓄えの形成のための集中的な習得支援とユニットやテーマの枠
を超えて日本語上達をねらった言葉遣いの豊富化のための総集的な習得支援**
という2つのスキームの二層構造となっています。これを図式化すると図5
のようになります。

図5　二層構造の習得支援スキーム

言うまでもありませんが、この2つの層は画然と分けることはできず、**2種類の習得支援は複雑に絡み合い渾然一体となって実際の教授実践を織り成していきます**。

　集中的な習得支援を構成する受容的言語促進活動と産出的言語促進活動は、各ユニットの目標達成を有効に促進する具体的な教授方略として提案されています。それに対し、総集的な習得支援である言葉遣いの豊富化は、コース全体の目標をより充実した形で達成するための方略の提案です。それは、**高度に専門的な教師による、ユニットの枠を超えた日本語上達のための積極的な貢献**となります。

　言葉遣いの豊富化は、授業の開始時や主要な学習活動の合間で行ってもよいし、挿入的に主要な学習活動の隙間で行ってもかまいません。そして、その活動は、各ユニットの教育目標の達成を妨げることなく、むしろそれを促進するような形で機動的に行うのが基本です。とにかく、あの手この手で、**教室という時空間を一層豊かな言語習得環境**(acquisition-rich environment)にしようというのが言葉遣いの豊富化の活動のねらいです。関連で言うと、授業で教師はしばしば会話文の場面や登場人物の説明をしたり、また発話を他の言葉に言い換えて理解を促したりしますが、そのような場合の教師の話も実は言葉遣いの豊富化に資するリソースになっています。教科書の本文などをやさしい言葉で言い換えて理解を促している場合なども同様です。

　表現活動の日本語教育の実践の創造に向けては、**第1ステージ**としては、**ユニットのテーマの言語活動に関する集中的な習得支援である言葉遣いの蓄えを形成する活動の充実に集中する**のがいいと思います。次の**第2ステージ**では、ナラティブの学習時にそれまでのユニットで知った登場人物の話や扱われたテーマについての話をたっぷりすることを実践します。そして、**第3ステージ**として、**表現活動の日本語教育の実践に慣れるに従って、ユニットのテーマを超えた総集的な言葉遣いの豊富化のための活動を徐々に充実さ**せていくのがいいででしょう。第3ステージの初期ステップとしては、各授業の最初で毎回10分程度は現在のユニットのテーマや先行ユニットのテーマに多かれ少なかれ関連した雑談を入れるというのがいいでしょう。その際はすでに勉強した言葉遣いやその新たな組み合わせで雑談をするので、そのまま復習的な教育指導となります。雑談に慣れてきたら、随時の時事的なト

ピックなども入れるとよいと思います。

　しかし、繰り返しになりますが、そうした活動は決して聴解練習ではありません。雑談を能動的に理解しながら聞くという活動を通して既習の言語事項に一層習熟し、新たな組み合わせの言葉遣いを摂取して、将来に利用可能な言葉遣いの蓄えを一層豊富化しているのです。PPTカミシバイを聞かせることでも、模倣練習でも、話させることでも、雑談を聞かせる活動でも、いずれの場合でも、各々のモードの言語技能を伸ばすことがねらいなのではありません。**そうした活動に従事することを通して日本語を育むことこそが**ねらいです。

物の見方⑪

日本語の「地層」の形成

　すでに10年近く表現活動の日本語教育を同僚教師といっしょに実践している筆者には、表現活動の日本語教育における日本語習得の行程は、学習者の中にテーマ毎に**日本語という心理言語的な「地層」**を形成していくことのように見えています。

　各ユニットで特定のテーマに集中している間はそのテーマに関係しない言葉遣いを教師も学習者も気にする必要はありません。つまり、教師も学習者もテーマの言語活動従事に関与する言葉遣いに焦点化して、それらを領有し摂取して言葉遣いの蓄えを形成することに集中すればいいのです。そのようにして、ユニットの終わり頃に学習者がテーマについての言語活動に従事できるようになっているのは、**テーマに関わる心理言語的な「地層」**が首尾よく形成されたからと見られるのです。逆に「地層」が首尾よく形成されていない学習者はうまく言語活動に従事することができませんので、さらに「地層」をしっかりと形成しなければならない、ということになります。

　「地層」の喩えは、実は、重要な示唆を含んでいます。テーマに関わる心理言語的な「地層」は、比較的独立的であるということです。つまり、「これくらいの範囲だ」というふうにある程度線を引いて括れるということです。しかし一方で、一つの「地層」と別の「地層」は、そこに含ま

れる言葉遣いや言語事項などについて重複があります。つまり、言葉遣いや言語事項は、しばしば複数の「地層」にまたがっているということです。

「地層」のそうした特性は、言葉遣いや言語事項の「地層」間の重複が無理のない言語発達のための重要な要因となっていることを物語っています。すなわち、新たな「地層」を形成しようとするときに、これから形成しようとしているその「地層」にすでに形成した「地層」で馴染みのあるものとなっている言葉遣いや言語事項が最初から一定程度含まれていると、その分言語発達の促進が容易になるということです。また、こうした言葉遣いや言語事項の「地層」間の重複は、テーマを超えた総集的な言葉遣いの豊富化を通してさまざまな「地層」が総体としての日本語技量として一体化される際の重要な要因ともなっていると見られます。

ちなみに、さまざまな「地層」が総体としての日本語技量として一体化された後でも、実際の特定の種類の言語活動従事においては特定の「地層」が呼び出されることになります。そして、新しい種類の言語活動に従事しようとする場合は、新たな括りで仮の「地層」が呼び出され、言語活動従事経験を積み重ねることによって実質のある「地層」が形成されることになります。

第6章

産出活動と進んだ段階の習得支援

イントロダクション

　本書のここまでのところでは、言葉遣いの蓄えの形成であれ、言葉遣いの豊富化の促進であれ、学習者が受容的に言語活動に従事する形での習得支援と、教師が常にモニターして必要に応じて介助やフィードバックを与えながら学習者が産出的に言語活動に従事する形での習得支援の話ばかりしてきました。つまり、どれも教師主導あるいは教師の監督の下での習得支援で、いずれにしても教師が直接的に関与する習得支援の活動でした。そして、教師の監督がない状況での学習者による産出活動については特に推奨はしませんでした。しかし、授業中に学習者に発話を促すことや、ペアワークで相互に話をする機会や、パワーポイントなどのビジュアルを準備してのミニ発表のような産出活動などを否定的に見ているわけではありません。筆者がそうした活動に慎重になるのは、そのような産出活動を行うタイミングにしばしば問題があるからです。本章では、教師による監督がない状況での学習者による産出活動をめぐってさまざまな角度から検討し、それと関連して、進んだ段階での習得支援について話したいと思います。

　まず、前章での議論を承ける形で、進んだ段階での言葉遣いの豊富化のためのさまざまな活動についての話から議論を始めます。そして、その議論は、関心の焦点を基礎段階の教育から中級段階の教育と同段階の学習者による産出活動にシフトさせた議論へと展開します。次に、そこまでの議論を踏まえた上で、各々の学習段階での言葉遣いの蓄えの形成と言葉遣いの豊富化の位置と役割をまとめます。最後に、自発性の観点から学習者による産出活

動を改めて再考します。

1. 言葉遣いの豊富化のためのさまざまな活動

1-1 基礎段階での言葉遣いの豊富化の活動

　基礎段階での言葉遣いの豊富化のための重要な活動は、簡単に言うと、**教師による、学習者に理解可能な話し方でのおしゃべりや雑談**です。自己表現の基礎日本語教育では、各ユニットでテーマが設定されていて、そのテーマについての言葉遣いの蓄えの形成を集中的に行うことで、ユニットの所期の目標はおおむね達成されます。しかし、その積み重ねだけでは、学習者の日本語技量はテーマに特定された日本語力の単なる寄せ集めになってしまうおそれがあります。そのような事態を回避して、**学習者がさまざまな言語活動に柔軟に従事できるようにするための方略が言葉遣いの豊富化**です。

　基礎段階での言葉遣いの豊富化のための活動は、前章末でも少し触れたように、これから学習するナラティブの導入として「リさん」や「あきおさん」などの背景をおさらいするような話でもいいし、これまでのユニットのテーマについての教師自身の話や教師の家族や友人の話もひじょうに有益です。また、ユニットのテーマに関係なくそれまで学習した言葉遣いを巧みに駆使して教師があれこれおしゃべりするのもいいです。

1-2 進んだ段階での言葉遣いの豊富化の活動

　基礎段階でも少し進んだ段階や中級段階では、言葉遣いの豊富化のための活動が一層重要になります。この段階では、日本語の熟達度がいろいろな学習者が1つのクラスに混在することが普通です。つまり、学習者の熟達度や既習の日本語知識の内実の違いによって学習者間でさまざまな言葉遣いや言語事項の習熟度が違ってきます。ですから、個々の学習者において言語事項の習熟を促し言葉遣いの多様化を促進するためには、**大部分の学習者にわかるということを担保しつつも難易度を適宜に変化させながら豊富に話をする**ことが求められます。ただし、現実には難易度を適宜に変化させることはむずかしいので、どちらかというとやさしめの話を豊富にするのが実際的です。

一方、基礎終盤から中級段階の学習者は一定の日本語力をすでに身につけているので、学習者が自発的に話をする中で支援を与えるという**産出の契機での言葉遣いの豊富化の活動**も行うことができます。そうした活動は各学習者にそれぞれに必要な言葉遣いの多様化と言語事項の習熟の促進のための有効な機会となります。

　進んだ基礎段階での**受容の契機での言葉遣いの豊富化の活動**では、教師自身やその知人の話や、テーマの背景となる話や、テーマについての教師の見解などがいいでしょう。また、中級段階では、前日あるいはその日のニュースや、話題の映画や、サッカーのワールドカップの試合や、総選挙などそのときに注目されているテーマも、学習者の興味・関心を引く、わかるおしゃべりの好適な話題となります。筆者自身は歴史が好きなので、教科書の話題に関連させて折にふれて歴史の話をしています。教師がお得意の話を適度に学習者の興味・関心に引き寄せながら披露することは、教師が個性を発揮することで学習者も個性を発揮することが暗示的に奨励されるという意味でも大いに奨励されます。

　言葉遣いの豊富化の活動は基本的には適宜にホワイトボードに絵を描いたりキーワードを書いたりしながら即興で行えばいいのですが、あらかじめビジュアルを用意したり、1・2スライド程度のパワーポイントを準備して行うのもいいです。そして、教師は学習者に理解可能なテーマでおしゃべりや雑談をしているわけですから、学習者もそのテーマについて一定程度は話せるはずです。**このときこそ、学習者の自発的な発話を促す絶好の機会**です。

　一般的に言って、一斉授業のスタイルで授業をする場合に、教師が自分の話をすることなしに、ただ教師が質問をして学習者がそれに答えるという形で学習者に話させようとするのは、あまり気の利いた発話誘出法とは思えません。そのようにして引き出される発話は必ずしも学習者による自発的な発話とは言えず、ややもすると特定の話題について強いて話させることになります。それよりもむしろ、教師が何かについて話し始めて、話し続けることで**おしゃべりの空間を作る**のがいいでしょう。そして、話し続ける教師に学習者が質問したくなって質問したり、教師の話を聞いて自分も話したくなったときに、「どうぞ」と話順をもらって話をするのが会話への**自発的な参加**であり、それが**本当の自発的な発話**です。教師がひとしきり話した後で、話

したそうにしている学習者を「○○くんの場合はどう？」と指名して話すの
を促してもかまいません。そして、そのようにして生じた自発的な発話の契
機は、その学習者が自身の話の中で言いたいがまだうまく言えないさまざま
な言葉遣いを補充し、まだ習熟していないさまざまな言語事項を強化すると
いう**産出の契機での言葉遣いの豊富化の絶好の機会**となります。また、それ
はまさに「飛行中」の言語パフォーマンスの最中に介助やフィードバックを
与えることとなります。学習者にあれこれ質問して無理に話させるのではな
く、教師がまずおしゃべりをして、それに誘発される形で学習者が自発的に
話すことを促すというのが、むしろうまい方略です。

2. 学習者による産出活動と日本語の上達

2-1 教師の要求の下での産出活動とレディネス

　教師の監督がない状況での学習者による産出活動には大きく2つの種類が
あります。教師から要求された産出活動と、学習者による自発的な産出活動
です。ただし、この2つは截然と分けられるものではなく、実際に行われる
産出活動や学習者同士の相互行為の自発性の程度はさまざまだと言わなけれ
ばなりません。

　教師から直接あるいは間接に要求された産出活動というのは、産出的なタ
スクの遂行となります。産出的なタスクには、タスクシートを活用しながら
ペアで話をすることなどのその場での口頭言語活動のタスクだけでなく、ユ
ニットのテーマでエッセイを書く宿題などの書記言語活動のタスクも含まれ
ます。

　タスクに取り組んで学習者が言語活動に従事しその過程を通して言語技量
の発達を促進するためには、タスクが学習者の現在の日本語力に適切なもの
でなければなりません。適切なタスクというのは、学習者が「少し背伸び」
をすれば当該の言語活動に従事できるようなタスクです。タスクがむずかし
すぎると、学習者はそもそも言語活動をスタートすることができません。一
方で、タスクがやさしすぎると、学習者は難なくその言語活動ができてし
まってそれを通して言語技量の発達を促進することができません。「少し背
伸び」をすればというのは、時々言葉を思い出しながら話したり、コミュニ

ケーション・ストラテジーで対応したり、当事者同士で介助し合いながらコミュニケーション課題を解決したり、辞書やスマホで調べて解決したりして、何とか自分及び自分たちの力で解決できる状況です。

　下の図6は自己表現の基礎日本語教育の1つのユニットの授業の流れを示しています。そして、授業11では、次にエッセイを書くための準備的な活動としてペアになって当該のテーマについて話をします。この流れでは、ナラティブの学習を通してかなりの程度言葉遣いの蓄えがすでにできた上で、学習者はペアで話をするわけです。それは適切な産出的タスクだと思われます。学習者にはかなりの程度の言葉遣いの蓄えがあってそこから必要な言葉遣いを引き出して話すことができるからです。また、そのようにペアで話した後で出される、テーマについてエッセイを書くという宿題も適切なタスクだと思います。ユニットの学習がそこまで進んだ段階であれば、自力と、思い出せない必要な言葉遣いを教科書の該当ページで見つけて参考にするなどの自己介助で、これまで学習してきたテーマについてエッセイが書けると予想されるからです。

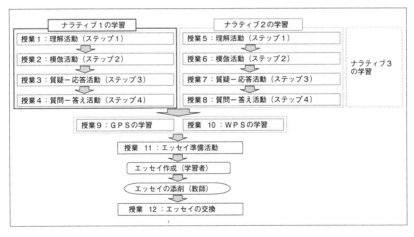

図6　ユニットの授業の流れ　※西口（2015a）の p. 116 より転載

　このように教師から要求された産出活動に関しては、その言語活動に従事する準備が整っているかどうかというレディネスを整えることと、レディネ

スを見定めることが重要です。そして、本書で筆者が学習者による産出活動に関して慎重になっているのは、筆者自身が実際に見たり聞いたりした範囲で言うと、多くの教師はレディネスを整えたり、必要なステップを踏んだりすることもなくひじょうに安易に学習者に産出活動をさせていると感じるからです。「こんな活動をさせたが、学生たちは話せない！」という教師の嘆きの声をよく耳にします。そして、そんな教師の多くは、話せない学習者を話せるようにしようとして、また話す活動をさせます。これでは学習者の話せないという状況は延々と続きます。学習者には**日本語を話すための蓄えがそもそも不足**しているのです。ですから、そのような学習者に必要なのは、もう一度話させることではなく、話すためのレディネスを形成する、言葉遣いを蓄えるための習得支援の活動です。話させることは、いわば習得の結果のチェックと仕上げです。上のような教師は、「話すことは習得の結果であって、原因ではない」(p. 52)という見解があることさえ知らず、「話すことが話す能力を養成する」と一途に信じているのでしょう。

2-2　自発的な産出活動とその効果

　学習者による産出活動のもう一つのタイプは、学習者による自発的な産出活動です。基礎段階も後半から終盤くらいになると、学習者は一定の話を自発的に始めて、そしてそれなりにできるだけの日本語力を身につけます。そして、中級段階に入った学習者は、必ずしも十分に表現しきることはできないにしても、さまざまな話題について自発的に話そうとします。このように自発的に話そうとしている学習者は一定のレディネスがあるわけですから、個人でであれ、グループでであれ、話す機会を与えることは十分に教育的な合理性があるように見えます。

　しかし、例えば基礎段階を終了したばかりの学習者がグループで話しているのを観察してみてください。高度な日本語力を要求しない容易なテーマを選べば、学習者はコミュニケーションのための工夫をしたり交渉したりしながら言いたいことを多かれ少なかれ伝えることはできます。しかし、実際の状況をよく見てみると、ごくシンプルな言葉遣いで言えることさえもうまくことばにできていないということが多いです。そのようなコミュニケーションの様態でグループで言語活動が行われているとして、そうした言語活動従

事を通して学習者は日本語技量を高めることができるでしょうか。答えは、「一定の条件が満たされれば」です。

　例えば、グループでの相互的な言語活動が主に日本語で積極的かつ活発に行われれば、学習者相互で自分が十分に習熟していない言葉遣いや言語事項の行使を他の学習者が行うことでそれを経験するということがしばしば行われます。それは、受容的な言葉遣いの豊富化の契機になります。また、相手の話を理解できないときには意味の交渉を行うことができますし、言いたいことを言い始めたがうまく言えないときに他の学習者がうまく介助してくれることもあります。不完全な発話にフィードバックを与えてくれることもあるでしょう。そのような相互支援的な言語活動の文脈も日本語技量を伸ばす契機となります。このように、学習者による自発的で相互的な産出活動は、日本語技量を伸ばすポテンシャルを有しています。ただし、それは、この例の冒頭で言ったように、言語活動が「積極的かつ活発に行われれば」です。学習者が消極的であまり話していない状況や、一定程度は話しているが現在の自身の日本語力で話せるありきたりのことだけ話して、聞いている他の学習者も話がわかっていてもわかっていなくても深く追及しないというような状況では、あまり言語促進的にはなりません。ですから、学習者による言語活動を言語促進的なものにするためには、**学習者が積極的かつ活発に言語活動に従事するように適切な仕掛けや働きかけが必要**でしょう。タスクシートを与えてペアやグループで活動させることや、学習者にうまいテーマを選ばせてプロジェクトワークに従事させることなどは、そうした仕掛けの例です。そして、タスク活動やプロジェクトワークの開始時や途上で学習者に助言や励ましや援助などを与えることは働きかけの一例となります。学習者たちが自発的に産出活動をして、それを通して日本語の習得を促進するには、このようにうまい仕掛けと巧みな働きかけが肝要です。プロローグで教師の重要な役割として、学習者間での日本語習得養分の共有をコーディネートすること (p. 6) と言ったのは、これらのことです。こうした活動は教師が活動の当事者の一人として参画して行う活動ではなく、学習者を導いたり励ましたり援助したりして、いわば間接的に実現される日本語習得支援です。本書では、教師によるこのような間接的な指導を**誘導的習得支援**と呼びます。

3. 学習段階別の言葉遣いの蓄えの形成と言葉遣いの豊富化の位置

3-1 自己表現活動中心の基礎日本語教育とテーマ表現活動中心の中級日本語教育の違い

　学習者による自発的な産出活動について上のように見解を述べた上で、改めて、言葉遣いの蓄えの形成と言葉遣いの豊富化の位置を学習段階別に整理すると以下のようになります。

　基礎段階の教育である自己表現の基礎日本語教育では、新しいユニットに入った当初は、そのユニットのテーマについて言語化するための言葉遣いが学習者にはほとんどありません。ですから、どのユニットにおいても初期的な言葉遣いの蓄えのための受容的言語促進活動が堅実に行われなければなりません。そして、その上で、教師による随時の介助やフィードバックを伴う学習者による発話の試みである産出的言語促進活動が行われて、言葉遣いの蓄えの増強と補強が進んで、ユニットの目標であるテーマに関する日本語技量の習得が達成されます。自己表現の基礎日本語教育の教育実践ではこうした習得支援活動にかなり集中しなければなりません。ですから、言葉遣いの豊富化の活動は重要ではありながら、その比重は相対的には小さくなります。端的に言うと、ユニットのテーマの言語活動に関する集中的な習得支援である言葉遣いの蓄えの形成が「主役」で、ユニットを超えた総集的な習得支援である言葉遣いの豊富化は「脇役」です。また、言葉遣いの豊富化の中では、受容の契機での豊富化が「主」で、産出の契機での豊富化は「従」となります。それに対比して言うと、テーマ表現の中級日本語教育では、言葉遣いの豊富化のほうが「主役」で、言葉遣いの蓄えの形成はどちらかというと「脇役」となります。そして、言葉遣いの豊富化の中では、受容の契機での豊富化と産出の契機での豊富化は同じくらい重要になります。これらを表で示すと、以下のようになります。

表2　自己表現活動中心の基礎日本語教育とテーマ表現活動中心の中級日本語教育
における習得支援

※○は重要な位置を占めること、△はやや重要度が低いことをそれぞれ示す。

	習　得　支　援		
	1. 言葉遣いの蓄えの形成 （ユニットのテーマの言語活動に関わる集中的な習得支援）	2. 言葉遣いの豊富化 （ユニットを超えた総集的な習得支援）	2a. 受容の契機での豊富化
			2b. 産出の契機での豊富化
A. 自己表現活動中心の 　 基礎日本語教育	○	△	○
			△
B. テーマ表現活動中心の 　 中級日本語教育	△	○	○
			○

3-2　言葉遣いの蓄えの形成と言葉遣いの豊富化の役割

　少し繰り返すような議論になりますが、基礎段階の学習者と中級段階の学習者の大きな違いは、さまざまなテーマについて実際に言語活動に従事する日本語力があるか否かです。基礎段階の学習者については、既習のテーマについては一定の言語活動ができますが、一般的にはまだ「否」と言わざるを得ません。そして、中級段階の学習者は、個々の学習者によるバラツキはあるものの、基本的にはそういう日本語力をある程度有していると言っていいでしょう。中級段階の学習者はそのような状況ですので、教師は学習者がすでに身につけた日本語技量に依拠してわりあい伸び伸びと教育実践を展開することができます。例えば、学習者の日本語技量に依拠して、新しいユニットのテーマについて、学習者の発話も促しながらそのテーマの背景を説明したりそのテーマに関わる出来事を話したりしながら学習活動を始めることができます。そして、そのような言語活動を通してテーマに関連する言葉遣いを拡充することができます。つまり、前項で言ったように、中級段階になると、言葉遣いの豊富化の活動をベースとして、言葉遣いの蓄えの活動はいわばそれに載せるような形で、授業を展開することができるようになるわけです。

　第5章の第3節で、表現活動の日本語教育では習得支援スキームが二層構造になっていると説明して、図5(p.119)を提示しました。図5はどちらかというと基礎段階の教育の状況を図示しています。つまり、中の2本の軸が主

要部のように太くなっていて、補助的に外の矢印があるようになっています。それに対し、中級段階では、外の矢印が示す言葉遣いの豊富化がベースとなり、中の軸は補足的で補充的な部門となります。各々、図7と図8の通りです。

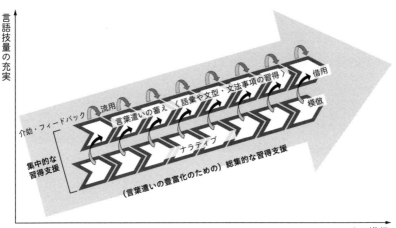

図7　自己表現活動中心の基礎日本語教育における
言葉遣いの蓄えの形成と言葉遣いの豊富化　※図5の再掲。

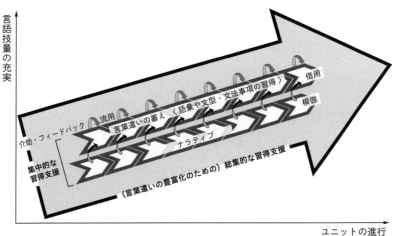

図8　テーマ表現活動中心の中級日本語教育における
言葉遣いの蓄えの形成と言葉遣いの豊富化

4. むすび ― 学習者による産出活動の再考

　学習者相互で言語活動に従事することが言語の習得に資するかどうかは、教師の直接的なコントロールを離れた要因に大きく左右します。ですから、それが言語習得に資するものになるどうかは、あらかじめ決めることはできません。つまり、誘導的習得支援が有効なものとなるかどうかは、「有効なものとなることがある」というふうに可能性として言うしかありません。

　ただ、一方で、学習者による自発的な産出活動について注目すべき点は、そこでは学習者は**自身がまさにできるようになりたい言語活動に従事し、まさに言いたいことをことばにしようとする**ことです。この要因は、言語学習全般で働いている重要な要因です。そして、一定のレディネスができたところで、第二言語の最近接発達の領域(p. 99)にあるそのような言語活動に従事することは、**学習者自身がまさにほしい言葉遣いを自身であるいは他の学習者との協働で具体的な形にしつつ摂取して言語技量を育成することができる大きな可能性**があります。また、学習者による産出のパフォーマンスによって教師は**学習者の日本語におけるさまざまな課題を知る**ことができるという面も指摘しておかなければなりません。そして、**口頭での産出活動後の課題点についての事後的な指導やエッセイに対するフィードバック**などによって、課題点の克服のための対処をすることができます。

物の見方⑫

イマージョン

　1960年代のカナダで始まったイマージョン・プログラムは、後にアメリカにも広がりました。アメリカでは日本語イマージョン・プログラムを実施している小学校や中学校もあります。イマージョンの "immerse" は「どっぷり浸す」という意味で、例えばアメリカの学校での日本語イマージョン・プログラムでは、各教科の授業をすべて日本語で行い、さらに休み時間も日本語で話し、学校行事も日本語で行うという形になります。まさに、学校に来てしまえば、日本語にどっぷり浸されるという具合です。すでにご想像のようにイマージョン・プログラムの目的は目標言語

（上の例の場合では日本語）に浸す形で学校教育を実践することで、学校教育の目的である教科学習も首尾よく果たし、目標言語も身につけさせようという「一石二鳥」がねらいです。カナダでのフランス語イマージョン・プログラムの成功で、イマージョンという方略は第二言語教育においても大いに注目されるようになりました。

　イマージョン・プログラムの要諦は、目標言語を上達させるために、目標言語を教えようとするのではなく、目標言語で他の内容（学校教育では学校の教科）を教える／学ぶ活動に学習者にたっぷり従事させるという点です。本書で具体的な教育企画として論じている表現活動の日本語教育では、基礎段階ではお互いの自己についての言語活動に従事し、中級段階ではより踏み込んだ自己についての言語活動及び特定のテーマについての言語活動に従事するということを教育目標として設定しています。具体的な教育実践においては、言語事項を指導し習得させることではなく、そのような言語活動に従事できる言語技量を育成することが期待されています。そして、そうした言語技量を有効に育成するためにはかなりの程度イマージョン的な経験（日本語にどっぷり浸る経験）が必要だと予想されます。言葉遣いの蓄えを形成するための受容的言語促進活動や受容の契機での言葉遣いの豊富化はイマージョン的な要素を多分に含んでいます。対話者たちの発話を対話空間に「飛行」させるという喩えで指摘してきたこともイマージョンの状況と直接に関係しています。図8(p.132)の太い矢印はテーマ表現の中級日本語教育におけるイマージョン的な性質を示していると言っていいでしょう。さらに言うと、そもそも表現活動の日本語教育がテーマを中心として教育を企画しているところがイマージョンとつながる基本的な要因になっていると言えます。

　このように考えると、表現活動の日本語教育は、イマージョン的な要素を内包した日本語教育の構想であることがわかります。

第7章

文法と文法指導について

イントロダクション

　第二言語の学習者も教師も、新しい言語ができるようになるためには、文法を学ばなければならないと思っています。この「学ばなければ」が「身につけなければ」の意味ならば、一旦その通りと肯定していいでしょう。しかし、「だから文法を教えなければならない。そして、学習者は文法を勉強しなければならない」と主張されると、それは必ずしもそうではないでしょうと反論したくなります。

　いずれにせよ、教師においても、また学習者においても「文法必要論」が強いです。本章では、表現活動の日本語教育における文法への対応を中心に日本語の文法と文法指導をめぐって話したいと思います。

　まず、第二言語教育における文法の知識とその習得について概括的に論じます。次に、日本語の文法の特性について検討し、形式文法を免れている日本語の文法と呼ばれるものは実際には語法だと指摘します。続いて、表現活動の日本語教育における文法への対応について話します。そこでは、文法を教えるのではなく、日本語の上達を促進する中で文法を育むという考え方を提示します。そして、本来の直接法でも文法の習得について同様の考え方をしていたことを指摘します。最後に、そこまで論じた認識と表現活動の日本語教育における文法への対応の上で、なお文法についての質問が出たときにどのようにするかについて筆者の対応の仕方を紹介します。個々の質問に対する具体的な対応を提示するのが目的ではなく、むしろ対応の方法の選択肢を提示するのが趣旨です。

1. 文法の知識と文法の習得

1-1 文法を知らないと言語活動に適正に従事できないか

　いずれの言語の母語話者でも、その言語活動に適正に従事できている限り、その言語の文法を身につけていると言っていいでしょう。「適正に」というのは、文法的な誤りがなく、発話の適切性にも問題がないという意味です。しかし、そんな母語話者が文法について顕在的な知識をもっているかと言うと、そんなことはありません。また、言語を行使する際に文法を意識することも普通はありません。つまり、母語話者が身につけている文法知識は潜在的で、その行使も無意識的だということです。第二言語に十分に熟達している二言語ユーザーの場合でも同様です。

　そのようなことを考えると、母語話者が身につけている文法と言語研究で言うところの文法とはどうも質的に異なるようです。そして、それと並行するような形で、**第二言語学習者が言語活動に適正に従事するために必要な文法と、第二言語教育で取り立てて教えられている文法は質的に異なる**と思われます。本項の見出しとの関係で言うと、自然環境で第二言語を習得した人などで、第二言語教育で取り立てて教えられている文法を知らなくても第二言語で言語活動に適正に従事できる人はいくらでもいますし、逆に、第二言語教育で教えられた文法はよく身につけているが実際の言語活動にはうまく従事できない人もたくさんいます。そして、一般的に言って、今日本語教育に従事している教師の多くは「文法過剰必要論者」だと言わざるを得ません。

1-2 文法は学習しないと身につかないか

　子どもは周りの大人や年長の子どもたちといっしょに暮らし、その中でことばを交わしながら生活活動に従事することを通して、自然に言語を身につけていきます。そして、さまざまな日常的な生活活動に関しては、就学前にそれらに十分に従事できる言語能力を身につけます。さらに、子どもにおける言語と思考の発達は就学後も続き、書記言語の言語活動も含めてより高次の言語活動に従事できるようになります。このように子どもにおける**第一言語の発達では、文法はわざわざ学習しなくても身につく**と言えるでしょう。

では、第一言語を十分に習得した人における第二言語の習得の場合はどうでしょう。その場合でも、その言語が話されている国で暮らしながら第二言語を身につけた人はたくさんいます。筆者の身近にも、小学校まで自国で過ごして第一言語を身につけ、その後に来日して中高は日本の公立学校に通いながら日本で過ごして、現在は口頭言語だけでなく書記言語も含めて自分の第一言語と日本語の二言語ユーザーになっている人がいます。その人の場合は、中学校1年生のときに週に1回日本語の補習授業がありましたが、大方は日本語環境に取り囲まれた中で徐々に日本語を習得したということです。勉学ができるだけの認知的能力がある人の場合には多かれ少なかれ言葉の使い方を意識したり、場合によっては他の人に尋ねたり調べたりすることがあるだろうとは予想されますが、**従来的な初級日本語教育で行われているような集中的な文法の指導と学習をしなくても言語活動従事に必要な文法は身につけることは可能**だと言えそうです。

　第2章の第2節で述べたように、Krashen は、言語を意識的に学習することは第二言語の上達に貢献しないと言っています。Krashen によると、意識的に学習した知識は顕在的な言語知識として、発起された発話の文法性をチェックすることはできますが、そもそもの発話を発起させることはできません。発話を発起させることができるのはむしろ、理解可能な言語入力に基づいて無意識的に習得された潜在的な言語知識です。そして、そのような習得の過程こそが第二言語の上達に貢献すると主張しています。**Krashen の主張では、成人における第二言語習得においても、文法はわざわざ学習しなくても身につく**ということになります。ただし、この場合でも、言語習得達成者が身につけた文法と、意識的に学習する文法とはそもそも質的に異なるようです。そして、**その質的な違いがそのまま「文法」習得の仕方についての見解の違いに反映**されています。

2. 日本語の文法の特性

2-1　欧米語の文法と日本語の文法

　言語研究は、言語を一つの客体的な構造のシステムと見るところからスタートします。ここではすでに二つの抽象化が行われています。一つは、日

本語なら日本語、英語なら英語と呼ばれる言語の中に内包されている地域的、年齢的、職業的、社会階層的などの言語的多様性（英語では heteroglossia、ロシア語では raznorechie、バフチン, 1996）が捨象されて、同質的な一つの言語というものが仮定されていることです。いま一つの抽象化は、言語を言語行使の具体的なコンテクストから切り離して、客体として見ていることです。言語研究では、そのような一つの客体的な構造のシステムを仮定して、その中にさまざまな要素や文法マーカーを見出し、カテゴリーを見つけ出して分類したり、要素と要素の間に生じている関係や文法マーカー付けの規則や共起制約などを記述したりします。そのような営みの成果が**言語研究で言うところの文法**です。しかし、文法についてのこの説明はすでに欧米の言語の文法に傾いています。

　第 3 章の第 1 節で論じたように、日本語には欧米語の場合のような文法はほとんどありません。名詞の後ろに適切な助詞を追加することと、文末の文型や補助動詞等に対応した動詞の活用形を使用することなどが必要ですが、基本的に日本語は、**必要な要素をただ単に並べ立てて話すことができる言語**です。欧米語の場合のような形式上の約束事に関わる操作をする必要はありません。このように欧米の言語との比較で言うと、**日本語は文法が「希薄な」言語**であり、日本語との対比で言うと、**欧米の言語は文法が「濃厚な」言語**となります。ですから、日本語話者が欧米の言語を習得しようとする場合は文法をこと細かく気にしなければなりませんが、欧米語の話者が日本語を習得しようとする場合は「えっ、そんなにあっさりでいいの？」ということになります。第 3 章の第 1 節に追加するような形でいくつか例を挙げると、例えば、"a book" も "(many) books" も "the book" もすべて日本語では「本」となります。文法的カテゴリーとして日本語には冠詞も数もないわけです。関連で言うと、手に紙を持って聞き手に示すときに日本語では「ここに紙があります」でだいじょうぶです。英語では "I have a sheet of paper here." と言わなければなりません。他に、例えば、フランス語では、名詞と形容詞と冠詞の間で性を一致させなければなりませんが、やはり日本語の場合はそもそも性という文法的カテゴリーがありません。つまり、欧米語の話者が日本語を習得しようとするときは「文法の引き算」をすることになりますが、日本語話者が欧米の言語を習得しようとするときは「文法の足し算」

をしなければなりません。「日本語では必要な要素をただ単に並べ立てて話す」というのはこのような事情のことを言っています。

　それならば日本語には文法というようなものはないのかと言うと、それはそんなことはありません。次項では、学習者の立場から出発して日本語における文法とは何かを考えたいと思います。

2-2　日本語の文法とは何か

　日本語学習者にとって文法とは何でしょう。実際の学生の質問からそれを探ってみましょう。

　以下は、T（p. 77）に掲げた2つのナラティブ[1]を教えているときに、あるいは学生が勉強しているときに、学生から出た質問の例です。質問は日本語で工夫して出される場合もありますが、まだ学習を始めて間もないユニット3ですので、利用可能な媒介語で行われる場合が多いです。

Q1 「毎日、朝ごはんを食べます。いつもパンを食べます。わたしは、パンが好きです」と言いました。「わたしは、パンを好きです」はだめですか。なぜ、「わたしは、パンが好きです」ですか。

Q2 「ふつうは」と「たいてい」は同じですか。どう違いますか。

Q3 「サラダとフルーツも、たくさん食べます。そして、いつもオレンジジュースを飲みます」、「魚とたまごとのりも、食べます。そして、みそしるを飲みます」と言いました。「と」と「そして」は同じですか。どう違いますか。

Q4 「ごはんのときは」の「とき」は、何ですか。

Q5 「1日に2・3回、コーヒーを飲みます。紅茶は、飲みません。紅茶は、あまり好きではありません」と言いました。「紅茶を、飲みません」はだめですか。なぜ、「紅茶は、飲みません」ですか。「紅茶が、あまり好きではありません」はだめですか。なぜ、「紅茶は、あまり好きではありません」ですか。

1　実際の教科書の様子については、巻末資料3（p. 178-179）をご覧ください。

ざっと答え方の例を挙げると、以下の通りです。このあたりの答え方は、特別に素晴らしい答えということではなく、少し経験のある教師なら普通にしていることです。もちろんこの通りに言うのではなく、それぞれそのような趣旨を板書などもしながらあれこれ工夫して学習者に伝えるということです。媒介語の使用も妨げるものではありません。

A1 「を」は、動詞が表す動作の対象（object of the action）を示します。「が」は、好みや技能などの対象（object of preferences, skills, etc.）を示します。

A2 「ふつう」は「特別ではない（not special or not exceptional）」の意味です。「ふつうは」は、敢えて英語で言うと"normally"です。そして、「たいてい」は、「いつも」→「たいてい」→「ときどき」で、「いつも」と「ときどき」の間です。

A3 「と」は、「サラダとフルーツ」や「魚とたまごとのり」のように物を並べるときに使います。「そして」は、文を並べるときに使います。

A4 西山先生は、「たいてい、ごはんを食べます」、そして「ときどき、パンを食べます」と言いました。そして、「ごはんのとき」は、ごはんと魚とたまごとのりです。そして、「パンのとき」は、パンとコーヒーと牛乳とサラダです。「とき」は英語で言うと、"time, occasion"です。

A5 「コーヒーを飲みます」、「紅茶を飲みます」のときは、「〜を」です。しかし、「コーヒーを飲みます。紅茶は、飲みません」のときは、「〜は、…ません」となります。同じように、「コーヒーが好きです」、「紅茶が好きです」のときは、「〜が」ですが、「コーヒーが好きです。紅茶は、あまり好きではありません」のときは、「〜は、…ではありません」となります。

　以上挙げた質問例は、教科書に媒介語で注釈が付けられていて（巻末資料3を参照）、第3章の3-2で説明したようにパワーポイントを使いながら授業を慎重に行ったとしても、時に出てくる質問の例です。そして、こうした質問に各々例としてAのように答えた後に、学生がしばしば言うのが「日本語

の文法はむずかしいです！」です。つまり、このように日本語の話し方（や書き方）で「むずかしい」ところは何でも日本語の「文法」となります。もちろん、音声（発音）や文字・表記のむずかしさはこの限りではありません。そして、これらの例のように日本語の「文法」と呼ばれるものは、語が句や文を構成する上での欧米語的な形式上の規則ではなく、**語の使い方や言い回しという意味での語法**です。

3. 表現活動中心の日本語教育における文法への対応

3-1　日本語の「むずかしい」の中身

　それでは、文法への対応の方策に向けて、学習者が言う「むずかしい」の中身を検討してみましょう。

　学習者たちが「むずかしい」と言うのは、「構造や規則が複雑でわかりにくい」という意味で「むずかしい」と言っているのでしょうか。おそらく、学習者はそういう意味で「むずかしい」と言っているのではありません。学習者は、実は、**提示された日本語の言葉遣いが自分の中にすでにある言語の言葉遣いの見方やそれに基づくロジックでうまく説明できないときに「日本語の文法はむずかしい」**と言っています。以下、学習者の言語が英語であると想定して、学習者の心理を推測してみましょう。

　Q1 は、端的に、"I like 〜"なら「パンを好きです」でしょうという理屈です。Q3 は、英語ではどちらも"and"なのに日本語では「と」と「そして」に言い分けているのが「分からない」ということで、Q5 は、英語では、"I have coffee. I don't have tea. I don't really like tea."というふうに動詞の部分だけ否定の形にすればいいのに、日本語では「を」を「は」にしたり、「が」を「は」にしたりしなければならず、なぜそんなふうにするのか「分からない」ということ。Q2 は、「たいてい」は"usually"ということで納得できるが、「ふつうは」は"normally"だと言われると少し理解はできるが、このような文脈では英語では"normally"とは言わないので「変な感じがする」。Q4 は、英語で"when I eat rice"と言うところを何ともシンプルに「ごはん（rice）の tokiwa」と言っているが、この「tokiwa」というのは一体どういう構造なのだろうかという疑問から始まって、「toki」は"time"や

"occasion"だと教わって、「ふーん、"when I eat 〜"を『〜のとき（は）』と表現するとは、日本語は何とも不思議な言語だ」と感じるところでしょう。このように学習者は、**構造はごく単純なのに、自分自身の文法ロジックに合わないから「日本語の文法はむずかしい」と言っている**のです。これらの例はすべて文法と言うほどのものではなく、実際には語法です。

　学習者は上のような点について「なぜですか？」と聞くことがありますが、その「なぜ」に十分に答えることはひじょうに困難です。一般的に言って、どのような言語の場合でも、語法について説明し尽くすことは媒介語を使用したとしてもほぼ不可能です。語の使い方や言い回しなどの語法は形式文法ではなく、その言語がたどってきた歴史と現在の使用集団の生きることの営みの中での慣習の産物です。ですから、「こんなときはこういうふうに言うのです。こういうふうに言っていいのです」としか言えない性質のものです。

　一方で、日本語は形式文法を免れているので、日本語の表現法はひじょうにシンプルです。ですから、表現法の形式そのものが問題になることはほとんどありません。問題になるのは、むしろ各形式の用法です。例えば、上のQ1は助詞の「を」と「が」の用法の違いに関わることです。また、Q3も「と」と「そして」の用法に関わることです。そして、Q5は「は」の用法の一側面の問題となります。Q2とQ4もやはり用法に関わることです。このように日本語の「文法」として学習者の疑問の対象になるのは、実際には用法が主な問題となる語法です。

　そのような語法に表現活動の日本語教育ではどのような考え方でその習得に対応するのでしょうか。次項では、そのような話をします。

3-2　文法を教えるか、日本語と文法を育成するか

　語法と呼ぶにせよ文法と呼ぶにせよ、表現活動の日本語教育ではそれを取り立てて教えることはしません。むしろ、言葉遣いの蓄えの形成や言葉遣いの豊富化の活動を通して、さまざまな言葉遣いを習得し言語事項に習熟することが、そのまま語法の知識を育成すると考えます[2]。領有と摂取の対象とな

2　文法や語法が自ずと習得されるというスタンスは、子どもが自身の母語を習得する場合と同じです。しかし、子どもの場合は文法や語法の習得どころかそもそもの言語を習得する過程が無

る適正に行使されたことばや、フィードバックを通して修正して摂取されたことばには自ずと語法が浸み込んでいるからです。

　文法についての学習者の質問に関しては、次のようなことが言えます。従来の言語事項の習得を積み上げていく方法では、学習者は多種多様な言葉遣いを知る機会が十分に与えられていません。さまざまな言葉遣いを学んだり、語法を確認したり修正したりする機会も十分に提供されていません。しかし、前章と前々章で論じたように**言葉遣いの蓄えの形成や言葉遣いの豊富化の活動が十分に提供されれば、学習者は言葉遣いの蓄積と豊富化を進めながら、同時にそれらの中に含まれる語法を確認したりその知識を修正したりすることができます**。ですから、そうした豊かな言語習得環境が提供されていてその中で学習者が着実に日本語を上達させていれば、語法も適切に習得されて、学習者の文法についての疑問や「分からない」はそもそもあまり生じなくなります。その結果、学習者からの文法についての質問も圧倒的に少なくなります。これまでの日本語教育のように文法を取り立てて教えるのではなく、**日本語の上達を促進する中で文法を育む**わけです。

　第2章の第4節で本来の直接法について少し論じましたが、本来の直接法でも同じような考え方をしています。つまり、熟練の教師が整然と周到に日本語だけで授業を展開して学習者に日本語を段階的に経験させて浸み込ませるように習得させれば、文法についての質問は出てこないということです。質問をしなくてもいいように授業をするというのが大前提なのです。

　ただし、本来の直接法が取り扱ったのは、当面は実際的なコミュニケーションの世界に入らないで教室という「箱庭」の中で純粋培養的に日本語を習得させるということでした。それに対し、本来の直接法後の現行の日本語教育は「箱庭」から飛び出してしまいました。そして、文型・文法事項を順次に教えるということを、つまり本来の直接法の厳格な文型・文法事項積み上げ方式を形だけ引き継ぎ、一方で、「日本語だけで」ということを「媒介語は使わないで」というふうに教義に変換して引き継いでいます。「箱庭」

意識的であり、習得した文法の知識も潜在的なのに対し、成人が第二言語やその文法を習得する過程は多かれ少なかれ意識的であり、習得した文法の知識も少なくとも一部は顕在的で自覚的です。その点では、子どもの母語の習得と成人の第二言語の習得は異なります。Krashen は、いずれの場合も、無意識的に習得され、習得された知識は潜在的であると言いますが、その見解は成人が第二言語を習得する場合の実際の経験と合致しないと思います。

から飛び出してしまった段階で「日本語だけによる厳格な文型・文法事項積み上げ方式」ということができなくなったにも関わらず、広く普及している従来的な日本語教育ではその形骸だけが残っているのです。従来的な日本語教育はこのような矛盾を根本に抱えたまま現在に至っています。そして、そのような矛盾が現場で実際に授業をする教師を悩まし続けているのです。先に言及したように、文法についての質問は本来の直接法の時代にはなかったものです。それが「箱庭」から飛び出した現行の従来的な日本語教育では当然の帰結として現れてきています。そして、多くの教師はそれへの対応に苦慮しています。

4. 文法の質問への対応

4-1 文法の質問に対応する際のいくつかの観点

　上のような認識と表現活動の日本語教育における基本的な対応を述べた上で、本節では、それでも文法についての質問（以下、短く、文法の質問とする）が出てきたときに筆者はどのように対応するかについて話します。基本的な姿勢は、質問への対応にはできるだけ時間を取らないで速やかに本来的な各種の習得支援の活動に戻るということです。本節での話は、表現活動の日本語教育の実践方法に直接に関わるものではなく、そのような予期せぬ状況に教師としてどのように対応するかという話です。ですから、質問が出た具体的な状況で、当該学習者や学習者たちの当該事項の習熟状況や学習者たちがすでに経験している当該事項についての使用事例などを総合的に考慮し、対応にどれほどの時間を費やすかも勘案して、各教師がどのように対応するかを判断して対応を実行するほかありません。ちなみに、ここで扱う文法の質問というのは、教育課程の当該の時点で多かれ少なかれ習得していることが期待される事項についての質問に限定します。教育課程で習得事項になっていない事項やまだ授業で扱っていない事項などについての質問はまた別の話になりますので、扱いません。はじめに質問に対応する場合のいくつかの観点を以下に箇条書きで述べます。

観点1：「つまずきの訴え」は説明を要求する質問と受け取ってよいか

　　　学習者からの文法の質問はその言及点に関わって何らかの「つまずき」があることを示しています。最初の観点は、学習者からのそうした「つまずきの訴え」を即座にそのポイントについての説明を求める質問と受け取るのが適当かという問題です。多くの教師は「つまずきの訴え」を即座にそのように受け取っているようですが、そもそもそのように受け取るのが適当なのか、そしてそのように受け取って教師が自ら答えるという対応が本当に有効な指導なのかということです。

観点2：「つまずきの訴え」とその後の指導の企画

　　　観点1にも関わることですが、「つまずきの訴え」をどのように捉えて、それに続く指導をどのように企画するかです。「つまずきの訴え」は、当該の学習者に固有の「つまずき」であることがあります。しかし、その一方で、一学習者からの「つまずきの訴え」は多くの学習者たちに共通の「つまずき」であることもあります。当然、前者のケースと後者のケースではそれに続く指導のあり方は異なってきます。また、一言の対応ですむと判断される場合もありますし、一定の時間を取って適切な指導を実施するのが適当だと判断される場合もあります。いずれも、学習者からの質問をきっかけに、それに続いてどのように指導を企画して実施するかの問題です。

観点3：対応の手段の選択

　　　何でも教師自身が対応しなければならないのかという観点です。「つまずき」への対応としてしなければならないことは、基本的には速やかにその「つまずき」を一定程度解消して学習者を安心させて、本来の習得支援の活動に戻ることです。この「速やかに」ということを考えるといろいろな手段を採っていいでしょう。よくするのは、「教科書の○ページを見てください！」と関連の情報や説明がある箇所を示すことです。また、語彙に関する質問のケースなどについて言うと、「速やかに」解決したい場合は、「隣の人に聞いて！」や「スマホで調べて！」でよいと思い

ます。重要なことは、授業でのさまざまな活動を通して学習者た
ちが日本語を上達させることであって、何でも教師が引き受けて
時間をかけて対応することではありません。もちろん、何でもかん
んでも教師以外の手段で対応しようと提案しているわけではあり
ません。対応にかかる時間も勘案しながら、対応方法を考えなけ
ればならないということです。

　次項と次々項では、「つまずきの訴え」を説明要求の質問と受け取ってよい場合
い場合と、受け取らないほうがよい場合に分けて、いくつかの質問のケース
を出して、観点2と観点3も絡めながら議論したいと思います。

4-2 「つまずきの訴え」を説明要求の質問と受け取ってよい場合

　本項では5つの質問のケースを挙げて、それぞれのケースで各々の質問へ
の対応を紹介するとともに、そのように判断した理由や趣旨を説明します。
言うまでもありませんが、いずれにおいても挙げられている説明や指導の言
葉はそのまま学習者に言うということではなく、そのような趣旨を板書など
も含めて工夫しながら学習者に伝えるということです。速やかさを優先して
媒介語を使用して対応することもあります。

(1) Q1、Q3、Q5 など

　　Q1、Q3、Q5 などは説明を要求する質問だと受け取ってよいケー
スだと思います。基本的には、A1、A3、A5 のような応答で適当だ
と思います。A1 の場合は、該当する答えが教科書の注釈（NEJ vol. 1
の p. 32）にありますので、「ここを見て」と指示してそこにある説明
を読むだけで解決する場合もあります。

　　Q1 と Q5 で、当該の質問が学習者たちに共通のつまずきだと判断
される場合は、以下のような要領でクラス全体で少し練習するのもい
いと思います。

＜Q1の場合＞
　1. リさんは、いつも、パンを食べます。リさんは、パンが好きです。

2. リさんは、いつも、オレンジジュースを飲みます。リさんは、＿＿＿＿＿が

　好きです。

3. リさんは、いつも、紅茶を飲みます。＿＿＿＿＿＿＿。

4. リさんは、サラダをたくさん食べます。＿＿＿＿＿＿＿。

5. リさんは、フルーツをたくさん食べます。＿＿＿＿＿＿＿。

6. 朝ごはんのとき、西山先生は、魚を食べます。＿＿＿＿＿＿＿。

7. あきおさんは、よく、友だちとサッカーをします。＿＿＿＿＿＿＿。

8. 金曜日の夜は、西山先生は音楽を聞きます。＿＿＿＿＿＿＿。　　etc.

＜Q5 の場合＞

1. あきおさんは、いつもコーヒーを飲みます。紅茶は、飲みません。紅茶

　は、あまり好きではありません。

2. リさんは、いつも紅茶を飲みます。コーヒーは、飲みません。コーヒーは、

　＿＿＿＿＿＿＿。

3. リさんは、いつもパンを食べます。ごはんは、食べません。ごはんは、

　＿＿＿＿＿＿＿。

4. 西山先生は、いつもコーヒーを飲みます。紅茶＿＿＿＿＿＿＿。

　＿＿＿＿＿＿＿。

5. 西山先生は、ジャズとクラシックを聞きます。ロック＿＿＿＿＿＿＿。

　＿＿＿＿＿＿＿。　　etc.

　このように Q1 の「を」と「が」や、Q5 の「を」と「〜は…ませ

ん／…ではありません」などを文法的に頭で理解するのではなく、

「いつも…します」の流れで「〜が好きです」と言ったり、「いつも〜

を…します」の流れで「△は、…ません。△はあまり好きではありま

せん」と言ったりするなど、発話の流れに伴う意識の流れの中で身に

つけるのがいいと思います。

(2)「に」と「で」の違い①

　　NEJ のユニット 4 では、「学校に行きます」と「昼ごはんは、食堂

　で食べます」が同じナラティブで出てきます。それで、ここで時に

「『に』と『で』はどう違いますか」という質問が出てきます。この質問に対しては、ナラティブの注釈の「に」のところに「『に』は行き先を示す」と、「で」のところに「『で』は行為や活動やイベントが行われる場所を示す」と書いてある（NEJ vol. 1 の p. 50）ので、その部分を見るように指示するだけですますこともできます。あるいは、このつまずきが学習者たちに共通のつまずきだと判断される場合は、以下のような要領でクラス全体で練習します。

  1. 学校に行きます。学校で、勉強します。
  2. 食堂に行きます。食堂で、＿＿＿＿＿＿＿＿＿＿。
  3. 図書館に行きます。図書館で、＿＿＿＿＿＿＿＿＿＿。
  4. 研究室に行きます。研究室で、＿＿＿＿＿＿＿＿＿＿。
  5. うちに帰ります。うちで、＿＿＿＿＿＿＿＿＿＿。
  6. カフェに行きます。カフェで、＿＿＿＿＿＿＿＿＿＿。

　この練習も、Q1 や Q5 と同じように、発話の流れに伴う意識の流れの中で「に」や「で」を身につけるということです。

(3)「に」と「で」の違い②

　学習者が「きのう神社に行きました。神社に祭りがありました」と言って、教師が「神社で祭りがありました」と直したときに、学習者から「『に』と『で』はどう違いますか」と聞かれることがあります。学習者のつまずきのポイントは、「～に…があります」を知っていて、「…」の部分に何が来ても、その場所を表す場合は「～に」だと考えているということです。

　この場合の一番簡便な対処法は、NEJ の教科書で「『で』は行為や活動やイベントが行われる場所を示す」と注釈されている部分（NEJ vol. 1 の p. 50）を示すことです。しかし、それだけでは理解できない場合が多いと思います。その場合は、以下のように対比して、「…があります」と言う場合でも、イベントの場合は「～で」となることを示します。例文は、教師が出してもいいですし、学習者から引き出し

てもかまいません。

 a. 1. 学校の近くには、安い店がたくさんあります。(ユニット 5)

  2. 大学の近くに(小さい)イタリアンの店があります。(ユニット 5)

  3. (ショッピング)モールの中に庭がありました。(ユニット 6)

  4. 庭には、木がありました。(ユニット 6)

 b. 1. 神社で祭りがありました。

  2. 2020 年に東京でオリンピックがあります。

  3. 2016 年のオリンピックは、リオデジャネイロでありました。

  4. 最初のオリンピックは、1896 年に、アテネでありました。

  5. 日本語の授業では毎日小さいテストがあります。

　この場合、上の「に」と「で」の違い①はすでによく理解していることが前提です。それがまだ十分に身についていない場合はそこまで戻らなければなりません。

(4)「〜してから」

　ユニット 13 のナラティブ 1（NEJ vol. 2 の pp. 2-3）で、「ごはんを食べてから、もう一度歯をみがきます」や「少し勉強してから、うちに帰ります」という文が出てきます。このときに、学習者から「『ごはんを食べたから、…』や『少し勉強したから、…』はだめですか」という質問が時に出ます。

　この質問に対しては、はっきりと「だめです。このようなときは、『〜してから』と言います。『〜したから』とは言いません」と応えます。そして、それで対応を終わらせたほうがいいです。この段階では、「『〜したから』は理由の意味になります」などと余計なことは言わないほうがいいです。不要な混乱を招いてしまいます。

(5)「〜(る)前」

　ユニット 16 のナラティブ C1（NEJ vol. 2 の pp. 32-33）で、「結婚する前は、わたしは料理ができませんでした」という文が出てきます。

このときに、学習者から「『結婚した前は、わたしは…』ではありませんか。『結婚した前は、わたしは…』はだめですか」という質問が出ることがあります。この質問のポイントは、英語などで適用される時制の一致です。つまり、文全体が過去を表す場合は、従属節の動詞も過去形にしなければならないというルールです。ですから、「結婚した前は、わたしは料理ができませんでした」と発想するわけです。

この質問に対しては、はっきりと「だめです」と応えます。そして、「『〜（る）前』は 100% のルールです」と言います。「100% ルール」と言うと、学習者は安心してくれます。

4-3 「つまずきの訴え」を説明要求の質問とは受け取らないほうがよい場合

本項では、「つまずきの訴え」を説明要求の質問とは受け取らないほうがよい場合について、4 つのケースを紹介します。いずれのケースも質問に対して答えたりその文法を説明したりするというよりも、むしろ学習が有効にできるように学習者を導くような指導になっています。

(1) 「〜たいです」と「〜たいと思っています」

NEJ のユニット 9 の一つの焦点は、「〜たいです」と「〜たいと思っています」の習得です。このユニットを学習している途中で、学習者は「『〜たいです』と『〜たいと思っています』は同じですか」と聞いてくることがあります。

両者の違いについては、ユニット 9 のとびらページで、"want to" と "would like to" と訳し分けていますので、しっかり勉強している学習者はそこで違いに気づいています。しかし、気づいていたとしても、上のような質問が出てくることがあります。「〜たいと思っています」は長くてなかなか言えるようにならないし覚えられないので、短く「〜たいです」ですませたいからです。この質問が出たときは、ユニット 9 の「文法の要点（The Gist of Japanese Grammar）」（NEJ vol. 1 の p. 128）の (2) を見てもらいます。そこには、「『〜たいです』は子どもっぽい感じになる」と書いてあります。これを読んだ後は、ほとんどの学習者は熱心に「〜たいと思っています」を練習するよう

になります。最近は、あらかじめ「文法の要点」の(2)を読ませるようにしています。そのほうが、「〜たいと思っています」の練習に身が入ります。

この対応法は、両者の違いを説明しようとしているというよりは、「皆さんにはこっちの(むずかしい)ほうがふさわしいですよ」と誘導するような指導になっています。

(2) 「〜こと」と「〜の」

NEJのユニット14で、この両者を学びます。ナラティブでは、「わたしは、本を読むのが大好きです」や「弟の趣味は、マンガを読むことと、サッカーをすることです」などが出てきます。本文では、「〜のが、好きです／大好きです」と「〜のはあまり好きではありません」では「〜の」で、「趣味は、〜することです」では「〜こと」というように一貫しています。しかし、学習者はしばしば「『〜ことが(大)好きです』はいいですか」と聞いてきます。この質問に対しては、「はい、『〜ことが(大)好きです』はだいじょうぶです。でも、今は、『〜のが(大)好きです』と『趣味は、〜することです』という話し方を覚えてください」と指導します。そして、参考として「文法の要点」(NEJ vol. 2 の p. 17)の(2)(「こと vs. の」)を読んでもらいます。そこには、以下のような説明があります。NEJでは媒介語で説明していますが、以下ではそれを日本語で訳出しています。

---

(2) こと vs. の

「こと」と「の」は入れ換えが可能なことが多いです。しかし、いつも入れ換えができるわけではありません。本書では、以下のルールを覚えることを推奨しています。

ルール1：「名詞は、〜ことです」と「〜は、〜ことができます」では「こと」を使う。

1. わたしの趣味は、**音楽を聞く**ことです。
2. 妻は、**ピアノをひく**ことができます。

> ルール 2 : 「〜は、〜のが〜です」と「〜のは、〜です」では「の」
>   を使う。
>   1. わたしは、**音楽を聞くの**が好きです。
>   2. **いい写真をとるの**は、むずかしいです。

西口（2012a,『NEJ vol. 2』p. 17）

　他に、「『〜こと』と『〜の』は同じですか」という質問が出ること
もあります。この質問に対しては、この学習段階の学習者には「だい
たい同じです」と応えるほかありません。しかし、「とにかく『文法
の要点』の(2)のルールに従って学習してください」と付け加えます。
　これらは、やはり学習者の質問に真正面から答えるというよりも、
今何を身につけなければいけないかを示す指導法となっています。

(3) 「〜ので」と「〜から」

　NEJ では理由の表現として「〜から」は教えていません。しかし、
学習者の中には他の教科書や参考書などで「〜から」を習って知って
いる人がいます。ですから、ユニット 16 のナラティブ A1 で「私立
の学校に行ったので、英語も話せます」や「中国系なので、漢字の意
味はだいたい分かります」などの文が出たときに、「『私立の学校に
行ったから、…』や『中国系だから、…』もいいですか」との質問が
出ることがあります。
　このような場合、筆者は、「よく知っていますね。『〜から』もだい
じょうぶです。でも、『〜ので』を使ってください。『〜から』は時々
尊大な感じ(sounds arrogant)になります。『〜ので』はだいじょうぶ
です。ですから、『〜ので』を使ってください」と応えます。「尊大な
感じ」の部分は何とか工夫して伝えるほかありません。媒介語を使用
できる状況では、"〜から sometimes sounds arrogant." の一言ですみ
ます。
　「〜から」が「尊大な感じ」というのが文法説明として本当に正確
であるかどうかは若干の疑問がありますが、この「尊大な感じ」で学
習者たちは「〜から」を避けて「〜ので」を使ってくれるようになり

ます。これも上の(1)の場合と同じように、しっかり説明しようというアプローチというよりも、学習者を誘導する方法です。

(4) 「〜たら」、「〜と」、「〜ば」

　　NEJ では、ユニット 13 で「〜たら」を勉強します。ユニット 13 では、「起きたら、すぐに歯をみがきます」のようにほとんど英語の“when”に近い用法と、「10 時に学校を出たら、12 時ごろにうちに着きます」のように「特殊なケースとしてこんな場合は」というような意味の用法が出ます。その後、ユニット 15 で、「いい人があらわれたら、結婚したいです」と条件らしい「〜たら」を勉強します。そして、それ以降のユニットのナラティブで、しばしば「〜たら」が現れます。学習者は安心して上手にいろいろな「〜たら」を使うようになります。そして、ユニット 23 になってはじめて「〜と」が出てきます。「道を歩いていると、急に犬にほえられました」のように何かをしているときに突然ふりかかった経験の場合の「〜と」と、「かばんをあけると、辞書がありませんでした」のような発見の場合の「〜と」です。そして、ユニット 24 でさらに「春になると、あたたかくなります」のような自然的な事柄の生起の場合の「〜と」が出ます。最後に、Supplementary Unit で「〜ば」が現れます。NEJ では、そのような流れでこの 3 つの表現を身につけさせているので、表現活動の日本語教育のコースで普通に学習を進めている人ではほとんど質問は出てきません。しかし、クラスに既習者が混ざっている場合は、ユニット 13 やユニット 15 を勉強しているときに、「先生、『〜たら』と『〜と』と『〜ば』はどう違いますか」と質問する学習者が時にいます。

　　そんなときの筆者の対応はシンプルです。「よく知っていますねえ。でも、今は、『〜たら』を使ってください。『〜たら』はどんなときでも使えます。文法的に『安全』です」と言います。そして、時に「『〜と』はユニット 23 とユニット 24 で、『〜ば』は Supplementary Unit で勉強します。説明は、p. 105 の(1)(「〜と」と「〜たら」の説明)や、p. 117 の(1)(「〜れば」と「〜たら」と「〜と」の説明)にありま

す」と付け加えます。

　上の(3) や(4) のように表現活動の日本語教育では、**ナラティブでの文型・文法事項の使用を調整することで文型・文法事項の習得を方向づける**ということもしています。他に、受け身文や使役受け身文などについても同じように習得の方向づけをしています。具体的には、受け身文については、受け身文の基本を言語的あるいは心理的な行為を受けること(「言われる」、「頼まれる」、「誘われる」、「ほめられる」、「しかられる」など)としてまず習得し、そうした視線の展開としていわゆる被害の受け身を習得するように誘導しています(NEJ vol. 2 のユニット 20 からユニット 23 への展開)。また、使役受け身文については、基本的な受け身文(NEJ vol. 2 のユニット 20)に続く形で使役受け身文(NEJ vol. 2 のユニット 22)を提示することで、話者の視点を維持して習得できるように工夫しています。これは、文法論で言うところの態の表現を、態の表現というよりもむしろ話者の特定の視点に基づく表現として習得するように導いているわけです。

5.　むすび ― 予期せぬ文法の質問に適切で有効に対応するために

　前節の冒頭で言ったように、文法の質問への対応は、予期せぬ状況に教師としてどのように対応するかの問題です。予期せぬ状況ですので、教師はあらかじめの準備なしにそれに直面します。そして、即座の判断と、瞬時の対応の企画とその巧みな実行が求められます。そうした教授行動を適切に行うために教師には、**口頭言語と書記言語にわたる言語活動についての直接及び間接の豊富な経験**と、それに関連して得られるさまざまな**条件下での日本語の発話やディスコースの構築法や多種多様な言葉遣いについての半自覚的な知識**と、**日本語の文の構成法についての体系的で自覚的な知識**を身につけていることが期待されます。そして、それらに加えて、**日本語学習者の話し方や書き方についての知識やその発達の経路についての知識**なども求められます。日本語の教師は、そのようなことについて日頃から研鑽を積むようにすることが必要でしょう。

　しかし、繰り返しになりますが、そのようにするのは、正しい文法を知っ

て、それを学習者に正確に教えるためではありません。むしろ、上で論じた
ように、予期せぬ文法の質問に適切で有効に対応するためです。そして、そ
うした豊富な経験と知識は、本書で主題的に論じてきた**学習者に日本語を育
んで日本語の上達を支援するさまざまな習得支援の活動を具体的に発想し
て、そしてそれらを機動的で有効に実践するための欠かすことのできない基
盤**になるのです。

終 章

全体の鳥瞰図としてのまとめ

イントロダクション

　終章となる本章では、実際に教育を実践する教師の関心である教室での第二言語の習得と習得支援について、第2章以降の議論を総括する形で本書での見解を箇条書きにしてまとめます。第3節と第4節がそれです。それに先だって、表現活動中心の日本語教育がどのような問題意識を背景として、どのような教育構想として提案されたかを改めて確認しておきます。さらに、第4章で論じた言語と言語活動と言語習得についての見解も整理しておきます。いずれも箇条書きにします。また、参照の便宜のために当該の箇所を記載します。この終章は、本書全体の鳥瞰的なまとめをしようという趣旨です。

　そうした上で、最後に、本章でまとめた諸見解(及び本書の各章で提示した物の見方や展開した議論)と教師の直感の関連について話します。

1. 表現活動中心の日本語教育の理路

1-1 問題意識(プロローグと第1章のイントロダクション)

1. 日本語教育を、日本語の文型・文法事項や語彙や漢字などを教えるというふうに即物的に規定するのは適当ではない。また、日本語の教師の仕事は、ただ文型・文法事項などの言語事項の指導を請け負うことではない。

2. 日本語教育とは、学習者において日本語が上達するように計画的で組

織的に支援する営みの総体である。これに構想という視点を加えると、日本語教育とは、学習者において日本語が上達するように学習と教授を有効に導くべく教育を企画し教材を準備して、そして、具体的にそのような教育を専門職としての教師が実践するという営みの総体となる。

3. これまでの日本語教育では構想という視点が欠けていたために、学習者が習得するべき内容をまず実体的にモノとして捉える即物主義に避けがたく陥っていた。

1-2　新たな教育の構想（第1章の第1節）

1. 大学及び大学進学予備教育における総合日本語の目標は、高等教育を受けている者（及びやがて受ける者）としてふさわしい知的な言語活動ができる日本語ユーザーを育てるというのが適当である。

2. それに至る中級までの教育目標は、簡略に言うと、表現方法をやや抑制した範囲で一般的なテーマに関する知的な言語活動に従事できる日本語ユーザーを育てることとなる。それは、日本語能力の水準で言うと、日本語能力試験の N3、あるいは CEFR の B2.1 をめざした日本語教育となる。そのような教育を表現活動中心の日本語教育と呼ぶ。

3. 表現活動中心の日本語教育は、基礎段階の自己表現活動中心の基礎日本語教育と、進んだ段階のテーマ表現活動中心の中級日本語教育の2段階に分けられる。

4. 教育企画と教材、第二言語習得の基本原理、授業についての考え方などは、第1章の第2節から第4節の通りである。

2.　言語と言語活動と第二言語の習得についての一般的見解

2-1　言語と言語活動（第4章の1-1）

1. **言語活動**（言語－発話）の真の現実は、**発話によって行われる言語的な相互行為**という**社会的な出来事**である。そのような言語活動の様態を**言語ゲーム**と呼ぶ。

2. 実際の言語活動あるいは言語ゲームは、**生活形式**に埋め込まれている。

3. 言語ゲームは、生活形式を一つに束ねる。そして、生活形式のほう
   は、言語ゲームに現れる**語や言い回し**に、生きることから汲み上げた
   意義と意味を与える。

2-2　ことばとことばのジャンル（第4章の1-2から2-1）

1. **ことば**（バフチンの言う発話、つまり口頭言語と書記言語の両方を含
   むディスコース）は、**間行為**である。
2. 対話者たちは、交わされることばを「わたし」と「あなた」が共有す
   る共通の領域と認識し、「わたし」と「あなた」が協働的に展開し共
   同的に従事している出来事を経験していく。
3. わたしたちは**ことばのジャンル**に依拠して言語活動に従事している。
   ことばのジャンルは、わたしたちが生きることを営む上で**生きるこ
   とのそれぞれの契機に象を与えてくれる**。そして、ことばのジャン
   ルは、実際の具体的な言語活動従事の契機にヒューリスティックに
   やってきて、発話（＝ことば）の構築や発話の理解と応答を支援して
   くれる。
4. **ことばのジャンル**は、言語ゲームが沈殿したものである。

2-3　第二言語の習得（第4章の2-2から3-3）

1. 第二言語を習得するためには、スピーチ・コミュニティのメンバーが
   織り成す**社会言語的交通**に入り込んで、**ことば的事象**とことばのジャ
   ンルを相即的に経験することを積み重ねることを通して、さまざまな
   ことばのジャンルという記憶の沈殿を形成しなければならない。
2. 分析的視座であり客観的な実在を持たないことばのジャンルは、実際
   の言語活動従事においては**言葉遣い**として立ち現れる。
3. ことばのジャンルが言葉遣いとして実在性を獲得すると、わたしたち
   はそこに語や文型や文法事項などの**言語事項**や、句や節や文などの**言
   語的構造体**を見出す。
4. わたしたちは、**言葉遣いを軸として、発話の仕方を学び、同時に言語
   事項や言語的構造体を学ぶ**。

3. 第二言語の習得

3-1 教室での第二言語の習得

1. わたしたちが言語活動に適正に従事できるのは**言語象徴機構**の働きに因る。（第4章の1-3）
2. 学習者はあらかじめ**第一言語等に基づく言語象徴機構**を具有している。（同上）
3. 言語象徴機構は個々の言語の特徴に関わらず同様の働きをする。つまり、わたしたちが生きることを営む上で生きることのそれぞれの契機に象を与えてくれる。しかし、その働きによる**象り方は言語間でしばしば異なる**。（第4章の2-1）
4. **言語象徴機構の働きを支えているのは、ことばのジャンルの堆積である**。（同上）
5. ゆえに、新たな言語を習得することの当面（中級段階程度まで）の重要課題は、**言葉遣いの蓄えを形成し豊富化すること**となる。（第4章の2-2から3-1）

3-2 学習者による第二言語の習得

1. 学習者は、言葉遣いの蓄えを順調に進めるために設定された**特定のテーマの言語活動に集中的に従事することを通して、言葉遣いを軸としテクスト相互連関性の原理に基づいて言葉遣いの蓄えを形成する形で、言語習得を進める**。（第3章の第3節）
2. 言葉遣いは繰り返し領有を行うことで**摂取**される。言葉遣いの領有の仕方には、**模倣と借用と流用**がある。（同上）
3. 学習者は、**テーマを超えて、言葉遣いを豊富化することによって、言語習得をさらに進める**。（第5章）
4. 学習者は、**自発的な産出活動の機会を与えられることで、しばしば相互支援的な形で言語活動に従事して、それを通して言語習得を進める**ことができる。（第6章の2-2）
5. 学習者は、**自発的な産出活動の機会を与えられることで、自身がまさにできるようになりたい言語活動に従事し、まさに言いたいことをこ

とばにすることを通して、言語習得を進めることができる。(第6章の第4節)

4. 第二言語の習得支援

　本節では、教師による第二言語の習得支援(4-1)と教師によるその他の習得支援(4-2)の2つに分けて、第二言語の習得支援をAからDの4つのカテゴリーに整理します。そして、最後に、図9として第二言語の習得支援の見取り図を提示します。

4-1　教師による第二言語の習得支援

A.　特定のテーマについての集中的な習得支援(言葉遣いの蓄えの形成)
(第3章の第3節、第4章の第5節)

　1.　主に教師が話し学習者が聞くという形態での言語活動従事を豊富に行うことで、教師は学習者における初期的な言葉遣いの蓄えを支援することができる。(**受容的言語促進活動**)

　2.　学習者が話し教師が必要な部分でそれを介助しフィードバックするという形態での言語活動従事を行うことで、教師は学習者における言葉遣いの蓄えの増強と補強を支援することができる。(**産出的言語促進活動**)

B.　テーマに集中しない総集的な習得支援(言葉遣いの豊富化)(第5章)

　1.　教師は、学習者にわかる話し方で学習者が興味がもてて楽しめる話を豊富にすることを通して、言語事項の習熟と言葉遣いの多様化を促進することができる。(**受容の契機での言葉遣いの豊富化**)

　2.　教師は、学習者による産出的な言語活動従事の試みに関与してそれを介助しフィードバックすることを通して、言語事項の習熟と言葉遣いの多様化を促進することができる。(**産出の契機での言葉遣いの豊富化**)

　3.　言語習得をもくろんで行う言語活動従事のねらいは、当該モードの言語技能を伸ばすことではない。むしろ、**言語活動に従事すること**

を通して自身の中に日本語を育むことである。

4-2 教師によるその他の習得支援

C. 誘導的習得支援

1. 教師による積極的な話は学習者の自発的な発話を誘発する。学習者のそのような自発的に話す試みを介助しフィードバックすることで、教師はさらに言語事項の習熟を促したり、言葉遣いの多様化を促進したりすることができる。（第6章の1-2）

2. 教師は、学習者たちによる相互的な言語活動を巧みにコーディネートすることで、学習者間での相互支援的な言語活動を導いて、言語事項の習熟や言葉遣いの多様化を促進することができる。（第6章の2-2）

3. 学習者に自発的な産出活動の機会を与えることで、個々の学習者に最も関連がある言語活動や発話に関わる言葉遣いの習得を促進することができる。また、学習者による産出のパフォーマンスによって教師は学習者の日本語におけるさまざまな課題を知ることができ、事後的な指導やフィードバックなどによって課題点の克服のための対処をすることができる。（第6章の第4節）

D. 文法（語法）の習得と習得支援（第7章）

1. 日本語は、欧米語にあるような形式文法は免れている。日本語の文法とは、語の使い方という意味での語法である。

2. 語法は、適正に行使されたことばに含まれている。ゆえに、言葉遣いの蓄えや言葉遣いの豊富化の活動を通して、さまざまな言葉遣いを習得し、言語事項に習熟すれば、語法の知識は自ずと習得される。語法についての質問が出るのは、そのような言語促進活動従事の機会が十分に与えられていないからである。

3. 学習者から発せられる「つまずきの訴え」に対しては、それを即座に質問と受け取って答えようとするのではなく、その内容と学習者の習得状況などを総合的に考慮して、「つまずき」を解消して当該のポイントについて学習者が有効な指針が得られるように適切な対

応を企画しそれを有効に実行しなければならない。

4.　以上のように文法(語法)の指導は補足的あるいは補助的なものとなるが、3のように質問に対して適切に対処するためには、言語活動の豊富な経験と、発話とディスコースと言葉遣いについての広範で洞察のある知識と、言語の体系に関する自覚的な知識と、学習者の言語と言語発達についての知識が必要である。そして、そうした豊富な経験と知識はさまざまな習得支援の活動を実践するための欠かすことのできない基盤になる。

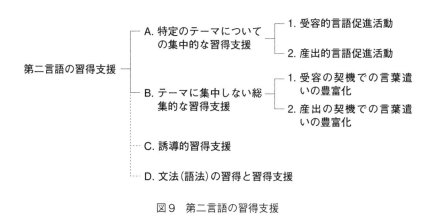

図9　第二言語の習得支援

5.　むすび ─ 新しい物の見方と教師の直感

　　新たな日本語教育の構想における言語習得の考え方の根本には、ことばのジャンルの視座とテクスト相互連関性の原理があります。また、同構想における習得支援の考え方の底流には「話すことは習得の結果であって、原因ではない」という言語習得についての見解があります。そして、従来の日本語教育では話す(書く)ことに従事することは話す(書く)技能を伸ばし、聞く(読む)ことに従事することは聞く(読む)技能を伸ばすと素朴に考えてきましたが、それとは異なって、学習者において日本語を上達させることをねらいとする新たな日本語教育では、どのような種類の言語活動に学習者が従事する(あるいは教師が学習者に従事させる)場合でも、当該の種類の言語技能を

伸ばすことがねらいではなく、むしろ、言語技能に特化されない共通基盤的な言語技量を育み増強することがねらいだと考えます。その考え方は、日本語教育とは、「日本語を教えること」ではなく、「学習者において日本語を育むこと」だという見解と照応しています。

プロローグの冒頭で「日本語ができる」ことを「日本語で言語活動に従事することができる」ことと分析的に言い換えました。そして、「日本語ができるようになること」つまり**日本語の上達**を言語活動という具体性において捕捉し、それを**日本語で言語活動に従事できることが拡大**し、**拡充**し、**洗練**することと捉え直しました。実はこの瞬間に、そのように捉え直すことで、**日本語を言語活動の手段に位置づけながらも、言語活動従事の現場で立ち現れる創発的なもの**（emergent property）**として捉える視座が確立**されていました。そして、**日本語を既成のものではなく創発的なものとして見る視座**でこそ、わたしたちは**即物主義から脱却**し、**日本語を言語活動従事を通して育む対象として捉え**論じることができるようになったのです。それ以降の議論は、すべてこうした捉え直しとその新たな視座の上に行われています。

関連でさらに言うと、日本語の上達を言語活動という具体性において捕捉するというのは、育成される日本語技量に関しても重要な意味合いをもたらします。言語活動というのは必ず具体的で個別的で個人的なものです。しかし同時に、そこには社会的に共有されているコンピテンスが関わっています。言語技量というのはそのように言語活動に従事する能力のことです（Widdowson, 1983, p. 11）。そうすると、日本語の上達を言語活動という具体性において捕捉するというのは、**コンピテンスの形成とそれを参照点として機能する言語技量の育成を切り離すことなく一体として促進**することとなります。その上で、言語技量を具体的で個別的で個人的な言語活動従事を通して育成するわけですから、育成される言語技量は当然、**コンピテンスを内包しながらも当事者個人特有の能力**となります。そして、この点は、学習者一人ひとりが自身の声を獲得するという表現活動中心の日本語教育のねらいとぴったり符合するのです。

本書で議論が展開され、本章でまとめられた見方や見解は、いずれも従来の日本語教育や日本語教育学にはなかった物の見方です。そして、その重要部分は従来の見方とは正反対で、これまでの教育方法の転換を求めるものと

なっています。ですから、従来の日本語教育の物の見方と教育方法に慣れ親しんでいる教師には、にわかは受け入れがたいかもしれません。しかし、本書で論じた見方や見解をよく検討してください。そして、それらが提案する教育方法と従来の教育方法のどちらが本当に教育成果を出せそうかを自身に問いかけてみてください。

　海外生活を通して第二言語を習得した人や自律学習で第二言語の習得に成功した人や、日本語教育の経験とともに教室の内外での学習者との接触経験も豊富にある人などは、実は言語の習得と習得支援について鋭敏な直感をもっています。そんな皆さんの優れた直感に、本書で提示した物の見方やそこで展開した議論はきっと響くはずです。従来の日本語教育で普及している物の見方や教育方法を一旦リセットして、第二言語習得成功者や学習者との接触経験豊富者としての自身の心の声に耳を傾けてください。そうすると、日本語の習得と習得支援についての眺望が変わります。そして、本書で紹介した新たな日本語教育の企画を採用して新しい教育実践をスタートすると、日本語を教えるということの風景が一変し、まったく新しい世界が開けます。

エピローグ

　仕事として日本語教育に従事している人が、仕事にやりがいを感じて、この仕事をしていてハッピーだと思うのは、どんなふうに仕事をしているときでしょうか。それは、学習者が日本語が上達していくのを学習者も教師も実感して共に喜びながら仕事をしているときでしょう。もう少し詳しく言うと、大枠として教師の采配と教授の下に、学習者が無理なく、できれば楽しげに、日本語習得のための努力を続けて、教師自身も努力する学習者を力強く支援して、学習者において日本語が着実に上達していることを学習者も教師も実感しつつ教育を実践しているときでしょう。教育実践の有効性を論じる際に、しばしば、コース終了時の学習者の日本語の知識やパフォーマンスが問題にされ、その測定や評価が行われます。そうした評価も重要ですが、その前にまずは、実際に教育に従事し、学習者における日本語習得の現場に立ち会ってそれに関与している教師(たち)が自分(たち)の教育活動が着実に成果を上げていると評価できる教育実践を創造しなければならないと筆者は思います。現在行われている従来的な日本語教育で、学習者も教師も着実に日本語が上達していると実感できるでしょうか。自分(たち)の教育活動が着実に成果を上げていると実感できるでしょうか。

　動機づけの研究から発展した自己調整学習の理論に自己効力感(self-efficacy)という概念があります(Zimmerman, 1986; ジマーマン・シャンク, 2006)。簡単に言うと、努力すればそれに見合う成果が得られると思える感覚のことです。日本語の教師はよく動機づけを口にしますが、学習動機の根本にはむしろこの自己効力感の有無が深く関わっています。従来的な日本語教育では、学習者も教師も自己効力感を失って、何をしても成果が出ない気がするという無力感に陥っているということはないでしょうか。筆者の見方では、これは教師の責任ではなく、もちろん学習者の責任でもありません。現行の従来的な教育の企画と教材こそが問題です。そして、その根本の問題

は、個々独立的な言語事項に基づく即物主義のカリキュラムと、それと表裏の関係にある、個々の言語事項を教えて良しとする教師の態度です。学習者が自己効力感を回復して積極的に日本語の学習と習得に取り組んで日本語の上達を実感し、教師も自己効力感を回復して学習者の日本語習得への自身の貢献を実感できる実践を取り戻し、やりがいを感じて仕事ができるようになるためには、教育の構想自体を変革しなければならないのです。

　第2章の第4節の末尾で、第二言語習得の成功経験があって教育経験を積んだ熟練の教師の話をしました。そこで以下のようなことを述べました。

　　かれらは、学習者に話を聞かせて楽しませることが上手です。そのようにすることで、さまざまな語や言い回しを学習者が摂取できることをかれらは知っています。また、かれらは、学習者を話したい気持ちにさせ、少し背伸びすれば話せる範囲のことを話させることに長けています。そこでは、ある程度習得している言葉遣いを「使い回し」的に動員させて、言葉遣いの知識を増強しているのです。さらに、かれらは、学習者のそのような試みの「飛行中」に必要なときに適切な介助やフィードバックを巧みに与えることができます。そのようにして言葉遣いの知識を補強し補充しているのです。そして、以上のような経験を豊富にさせることで言語習得を強力に促進できることをかれらは直感的に知っています。（第2章の第4節からの再掲）

　表現活動中心の日本語教育の企画は、学習者が日本語上達のための学習に堅実に取り組むことができ、上のように考える教師が習得支援の活動を自在に展開できる学習と教授のフィールドを提供します。その企画に従って学習者が着実に学習を進め、上のような考えの教師が各ユニットで、そしてユニットの枠を超えて、日本語習得支援の活動を伸び伸びと展開すれば、順調に学習者に日本語技量を育成し、自身の声で自身として言語活動に従事する日本語ユーザーを育てることができます。教師は「日本語教師」から高度に専門的な日本語習得支援者に生まれ変わらなければなりません。
　1970年代の後半に始まった第二言語習得研究は、第二言語教育への関心

を母体として生まれた新しい研究分野で、その後めざましい拡大と発展を遂げました。1990年に出版された800ページにも及ぶEllisの *The Study of Second Language Acquisition.*（Ellis, 1990）はそれまでの第二言語習得研究の集大成です。第二言語習得研究は、研究者という立場を確立したい第二言語教育者にとって「研究者への渡し船」のような役割をしました。時代的に言うと、筆者も第二言語習得研究者になるということもあり得たのですが、筆者はその道を選びませんでした。

　一方で、60年代の終わりから70年代の前半にかけて、魅力的な第二言語教育学者が何人かいました。Wilga Rivers、John Brown、Peter Strevens、Christopher Brumfit、そして Earl Stevick などです。こうした魅力的な第二言語教育学者の中でも Stevick は特別な位置を占めていました。他の第二言語教育学者は端的に大学の先生でした。それに対し、Stevick は、政府機関であったとはいえ、言語研修センターに所属する一介の教育実践者でした。そして、他の第二言語教育学者が理論や実証的研究を紹介したり、それに基づいて習得と教育の原理や方法を論じるというふうにしていたのに対し、Stevick はさまざまな分野の研究を渉猟した上で一教育実践者としての自身の考えを語っていました。大学の先生たちが書いた本もそれはそれで魅力的でいろいろなことを学ぶことができました。しかし、そうした人たちが書いていることは、実際に第二言語教育を担っている当事者の声ではありませんでした。Stevick の本は違っていました。Stevick は、第二言語教育を担う当事者の一人として同じ専門職の仲間に語っている感じでした。そして、かれこれ40年前に Stevick の本を読んだ筆者は「いつか、Stevick のように、第二言語教育者の立場から、同じ第二言語教育者に語りかける本を書きたい」とずっと思っていました。Stevick の本とはかなり趣が異なるものとなりましたが、本書はそのような長年の思いが形になったものです。

　このように、筆者は第二言語教育者の一人として同じ専門職の人に向けて本書を書きました。本書を手にしてくださった皆さんには、ぜひ同じ専門職という立場で本書を読んでほしいと思います。そして、同じ専門職としてその内容を自らに問いかけ、同僚の方にも問いかけ、また、筆者にも返答をしてほしいと思っています。第二言語教育の専門職の間でそのような対話が活発に行われることを願いつつ本書を終えたいと思います。

本書の原稿は、2019年秋学期の大阪大学言語文化研究科の博士前期課程のゼミで輪読しました。また、博士後期課程の学生にも原稿を見てもらいコメントをもらいました。皆さんからの質問やコメントのおかげで各部の趣旨がより明確になり、またよりわかりやすい文章になったと思います。ありがとう。さらに、前著の場合と同じく本書でも、毎月開催している NJ 研究会の仲間に原稿を見てもらい、いろいろご意見をいただきました。研究会の仲間とのディスカッションはいつも筆者の思考を耕し豊かにしてくれます。ありがとう。そして、くろしお出版の金高さんには編集の労をお願いしました。本書での表現法の一貫性などをしっかりとチェックしてくださり、なおわかりにくかった部分の指摘などをいただくことで、読みやすい素敵な本に仕上がったと思います。ありがとうございます。最後になりましたが、日々の生活を楽しみつつ支え合い励まし合いながら穏やかな日常生活を共にする、連れ合いの美香と子どもの遼に心から感謝します。

巻末資料

資料1 『NEJ ― テーマで学ぶ基礎日本語』の教育内容

注1：文型・文法事項の中で△は Additional Practice の事項。
注2：◇は活用形と活用表、※は留意点を示す。

[A] タイトル	[B] テーマ	[C] トピック	[D] 語彙・表現	[E] 文型・文法事項	[F] その他の文法事項と留意点	
Unit 1 **Introducing Myself** 自己紹介	自己紹介をする	名前、出身(国)、所属、身分	身分、所属、国、数字(100まで)	・～は、～です	・質疑応答で「学生ですか」「何年生ですか」「学部は？」「どこから来ましたか」「何さいですか」 ※「～から来ました」のみ動詞表現。	ひらがな・カタカナ
Unit 2 **Introducing My Family** 家族の紹介	家族を紹介する	家族、仕事、学校、年齢	家族、仕事、各種の学校、外国語、助数詞(人、さい)	・～は、～です ・**親族呼称** ・人の数え方	・質疑応答で「何人ですか」「何をしていますか」「兄弟はいますか」	
Unit 3 **My Favorite Things** 好きな物・好きなこと	好きな物、好きなことを言う 好きな食べ物、スポーツ、音楽などを言う	朝ごはん、食べ物、飲み物、スポーツ、音楽	食べ物、飲み物、スポーツ、音楽、動詞(「食べる」、「飲む」など)、余暇の活動、頻度、同伴、数字、円、年、～のとき	・～は、～が好きです/(あまり)好きではありません ・～ます(嗜好や趣味に関わる動詞表現のみ)	・助詞(も、や) ・助詞的表現(といっしょに) ・質疑応答で「何を」「どんな～」「どうですか」「何が」「いつ」	日本語の音声
Unit 4 **My Everyday Life** わたしの一日	毎日の生活について話す	日常生活、朝・夜のこと、自宅で、学校で、仕事のあと	一日の時間帯、食事、日常生活の動詞、場所、活動、交通手段、食事、～の後、○時○分	・動詞文①(～ます)	・**各種の格助詞**(を、に、で、から、まで) ・**助詞(か)** ・質疑応答で「何時に」「何で」「どこで」「どのくらい」	
Unit 5 **Friday Night** 金曜日の夜	金曜日の夜の過ごし方について話す	料理、外食、友人との食事、デート(食事)	時と時間に関する表現(「～曜日」「先週」「今週」など)、外食関係の表現、食べ物、料理、食べ物屋、同伴者	・動詞文②(～ます/ました) ・形容詞① (「～い」「～な」の形と現在と過去)	・質疑応答で「だれといっしょに」「ほかに何を」 ・動詞文(～ます)と名詞文(～です)の現在・過去・肯定・否定の形を確認する。 ※「あります」「います」はここでは主要な学習事項とはしない。	入門漢字(50字)
Unit 6 **Going Out** 外出	友人や家族などとのお出かけについて話す	買い物、衣服、映画、デート(映画)	外出、衣料品、装飾品、日用雑貨、体の状態、「知っています」「知りません」など、位置詞(「中」「前」「横」など)	・～があります、～がいます ・～がありました、～がいました ・形容詞②(現在・過去・肯定・否定・接続の形)	・**格助詞(を<離脱>)** ・「～(し)に行きます」(目的をもった移動) ・質疑応答で「どうでしたか」	

タイトル	テーマ	トピック	語彙・表現	文型・文法事項	その他の文法事項と留意点	
Unit 7 **Invitations and Offers** 誘う・すすめる・申し出る	人に物をすすめる 軽く誘う 誘う 積極的に誘う 申し出る	パーティーで、マレーシアのこと、紅茶、コーヒー	「どうして」と「なぜ」、「聞こえます」と「見えます」、～から、ここ（指示詞）、いつ、～し	• 「～ます」の各種の形を使った表現 ～ますか（すすめる）、～ませんか（誘う）、～ましょうか（軽く誘う）、～ましょう（積極的に誘う）、～ましょうか（申し出る） • ～より～の方が… （比較）	• 指示詞（こ・そ・あ・ど）	入門漢字（50字）
Unit 8 **My Family** わたしの家族	家族について話す	職業、性格、能力、特技、専攻、好きなこと	何をしているか、容姿や性格、能力や特技	• ています-動詞（「会社を経営しています」など） • 形容詞③（容姿や性格） △～ています （「テレビを見ています」など）	◇動詞の種類とて-形 ※ Additional Practice (1)の動詞のみ。「会社を経営しています」などの表現は、ています-動詞として教える。	
Unit 9 **What I Want to Do** わたしのしたいこと	希望や望みを言う 何かをしたことがあるかどうか言う	行きたい場所、旅行、季節、登山、日本の文化、ほしい物	季節、気候、季節の楽しみ、～休み・お正月・クリスマスなど 日本の文化、ポップカルチャー（マンガ、アニメ、相撲、カラオケ）	• ～たことがあります／～たことがありません • ～たいです／～たいと思っています	◇た-形 ※本ユニットで学習する動詞のみ	基礎漢字（80字・累計130字）
Unit 10 **Rules and Directions** きまり	指示や注意を与える するべきこととしてはいけないことを伝える 何かすることを頼む	山登りの注意、服装・持ち物の指示、禁止事項、授業のルール、態度	「着ます」「ぬぎます」「はきます」などの表現、連絡とコミュニケーションに関する表現	• ～てください • ～てもいいです／～てはいけません △～てください （「電気をつけてください」など）	◇て-形のいろいろな使い方	
Unit 11 **Busy Days and Hard Work** いそがしい毎日とたいへんな仕事	義務や仕事を言う してはいけないことを言う	日常の雑事、一人暮らし、登録（授業登録）、先生の仕事	家事、手続き関係、先生の仕事	• ～なければなりません △～ないでください （「授業は休まないでください」など）	◇ない-形	
Unit 12 **Things to Notice** 気をつけること	望ましい行為を言う	いろいろな用事、忙しい日常、体調管理、日本の気象／気候（冬）、台風	冬に関すること、台風に関すること、気象に関すること、強弱	• ～たほうがいいです／～たほうがいいと思います • ～たり～たりします	◇た-形	

注1：◇は活用形を示す。

	A タイトル	B テーマ	C トピック	D 語彙・表現	E 文型・文法事項	F その他の文法事項	
Unit 13	**My Daily Life** 毎日の生活	毎日の生活について順序立てて話す	日常生活、放課後、帰宅後、夜のこと	日常生活に関する語彙・表現	・〜たら ・〜てから ・〜とき ・〜ながら	◇て-形 ◇た-形 ◇ます-形 ・〜て ・〜だけ	基礎漢字（１７０字・累計３００字）
Unit 14	**My Recreation** わたしの楽しみ	趣味、好きなことについて話す	読書、スポーツ、マンガ、音楽、映画、アニメ、山登り、写真	プライベートな時間の過ごし方に関する語彙・表現（e.g. スポーツ、音楽）	・〜(する)こと/〜(する)の	◇辞書形 ・それで	
Unit 15	**My Future** わたしの将来	将来の希望、やりたいことについて話す	将来のこと、進学、就職、大学院、研究、仕事、結婚、家事・育児	将来に関する語彙・表現（e.g. 専門、進学、就職）	・〜つもりです ・〜と思います ・〜だろうと思います／〜んじゃないかと思います／〜かもしれません／〜かどうか(まだ)わかりません／〜か〜か、(まだ)決めていません	◇辞書形(普通形) ◇ない-形(普通形) ・名詞修飾節 ・〜がほしいです ・〜までに ・〜でもいいです ・〜たら ・〜ている間 ・〜後 ・まだ〜ていません ・〜(し)なくてもいいです ・〜(し)ないで、〜	
Unit 16	**Abilities and Special Talents** できること・できないこと	自分のできることや、食べられるものについて話す	話せる言語、読める言語、書ける言語、好み、料理、食べられるもの、作れる料理	能力と特技に関する語彙・表現（e.g. 外国語、料理）	・可能表現	・形容詞＋と思います ・〜方 ・〜(する)前 ・〜ので ・〜(する)ようになりました ・だから/ですから ・何でも ・自分で	
Unit 17	**Gifts** プレゼント	あげたり、もらったりしたプレゼントについて話す	誕生日、クリスマス、プレゼント、おこづかい、もらってうれしかったもの	プレゼントになる物の語彙・表現（e.g. お祝いやイベントなどで贈る物）	・授受表現 あげる、もらう、くれる	・どれも	
Unit 18	**Support, Assistance, and Kindness** 親切・手助け	親切にされたり、助けられたりしたことについて話す	家族や友人の手伝い、見送り、助けてもらったこと、親切にされたこと、教えてもらったこと、留学、海外出張	さまざまな親切に関する語彙・表現（e.g. 留学や出張などの準備、手助け）	・動詞＋授受の表現① 〜てもらう、〜てくれる	・〜(する)ために	

タイトル	テーマ	トピック	語彙・表現	文型・文法事項	その他の文法事項	
Unit 19 Visits 訪問	人から聞いた話や、自分が見たものについて話す	出張、知らない場所の情報、お見舞い、訪問	さまざまな親切に関する語彙・表現 (e.g. 訪問先の様子、看病、手助け)	・動詞＋授受の表現② 〜てあげる ・〜そうです(伝聞) ・〜そうです(様態)	〜で(原因・理由) 「…」と言いました ・〜てみる ・〜という□	基礎漢字（170字・累計300字）
Unit 20 Praises, Scoldings, and Requests I Got from Someone Else ほめられたこと・しかられたこと	ほめられたり、しかられたりした経験について話す	ほめられたこと、しかられたこと、頼まれたこと、しつけ、依頼、子どもの頃のこと、昔のこと	ほめられる・しかられる内容に関する語彙、頼まれる・誘われることに関する語彙・表現	・受身表現A (他者からの褒めや叱りや言語的な働きかけなどを受ける) ・〜ように言われました	〜ばかり	
Unit 21 Making or Allowing しつけ (1)	兄弟に対する厳しいしつけや、自分に対するしつけへの反抗について話す	しつけ、兄弟の話、させられたこと、させてもらえなかったこと、嫌いな食べ物、親が兄弟にさせたこと・させなかったこと、親が自分にさせようとしたこと抵抗したこと	親が子どもに強要・許容することに関する語彙・表現 (e.g. 食事、学校の勉強、遊び、進学)	・使役表現 ・〜(さ)せてくれました ・〜(さ)せようとしました ・〜てほしい	・何も	
Unit 22 Someone Forces/ Allows Me しつけ (2)	学校で受けた指導や、子どもの頃に親から受けたしつけについて話す	指導、しつけ、勉強、させられたこと、できるようになったこと	子どもが親に強要されることに関する語彙・表現 (e.g. 学校の勉強、家庭学習、食事)	・使役受身表現 ・〜なりました (状態・能力・習慣の変化)	・〜のおかげで	
Unit 23 Miserable Experiences ひどい経験	大変な思いをした経験について話す	ひどい経験、残念だったこと、がっかりしたこと、疲れたこと	ひどい経験に関する語彙・表現 (e.g. 災い、被害、旅行でのアクシデント、不運なこと)	・受身表現B (他者からの物理的な行為を受ける) ・〜てしまう ・〜(する)と① (時)	・〜ようです ・〜(する)ことになりました ・すると ・そこ	
Unit 24 Geography, Linguistics, and Climate 言語・地理・気候	自分の国のことについて話す	言語の成り立ち、言語の使用状況、地理、気候	地理・気候・言語的状況に関する語彙・表現	・受身表現C (物が主語の受身) ・〜(する)と② (条件)	・〜が(〜で)一番〜 ・〜ても ・〜しか(〜ません)	
Supplementary Unit Towards the Future 新しい世界	新しい挑戦について話す、過去を振り返りながら話す	サークルの勧誘、山登り、中学・高校の勉強、大学の勉強、大学生活での経験	山登り、勉強の仕方、大学生としての経験についての語彙・表現	・〜(れ)ば ・疑問詞(＋助詞)＋〜(れ)ばいいか	・〜てあります ・〜ておきます ・〜よ ・〜すぎる ・〜のですかor〜んです ・〜なさい ・〜ようと思います ・〜ようとしても ・〜わけではありません ・〜始める、〜続ける	

西口(2012b, pp. 4-7、A〜F の記号は筆者)

資料2 『NIJ ─ テーマで学ぶ中級日本語』の教育内容

※ Grammar Notes を含む下記の文法事項は、本文では太字にしています。

Part1 = Conversation（会話）　　**Part2** = Lecture（レクチャー）

■ Unit1-3：人間と社会の発展

	テーマ	文型	語法・慣用表現	従属節	接続詞	文末表現	
Unit 1 Part1	①わたしの家族─リさん ②わたしのこと─中田くん	〜そう（おもしろそう）			ですので		▶Grammar Notes 1 Passive Expressions
Unit 1 Part2	人間と動物	〜ようになる	〜にわたって、ますます、何を〜ばいいか、やがて	〜ことで、〜ば、〜とともに	そのために、そうすると		▶Grammar Bits 1 〜化する
Unit 2 Part1	①できる外国語 ─はじめまして ②誘う─紅茶の店に誘う	〜ますか/〜ましょうか/〜ましょう/〜ませんか、〜より〜の方が〜					▶Grammar Notes 2 〜ていく ▶Grammar Bits 2 〜ように
Unit 2 Part2	人間と動物の本質的な違い	重要な点は〜ということだ	やがて、〜によって①、〜によって②、〜での、〜によると、〜のために		では、それでも、つまり		
Unit 3 Part1	①わたしの生活─寮の生活 ②わたしの国の民族と言語 ─多民族国家 マレーシア	〜そう（楽しそう）、〜ようと思っている（行こうと思っている）、〜ばいい（行けばいい）、〜てくれる（ついてくれる）				〜つもりだ	▶Grammar Notes 3 〜てくる
Unit 3 Part2	農村社会	〜ばいい（学べばいい）	〜くらいだ	〜（する）ために	つまり		

Grammar Summary to Unit1-Unit3
A. Grammatical phrases　1.〜によって①、2.〜によって②、3.〜によると、4.〜のために、
　　　　　　　　　　　　5.Question word+particle+ 〜ればいいか
B. Subordinate clause structures　1.〜ば、2.〜とともに

■ Unit4-6：社会と生活

	テーマ	文型	語法・慣用表現	従属節	接続詞	文末表現	
Unit 4 Part1	①町と歴史 ─マレーシアの歴史 ②日本との縁 ─わたしの家族と日本	〜ようと思う/思っている、〜こともある、〜てくれる（買ってきてくれる）、〜のにおどろく	〜にとって	〜までに	ところで	…感じがした、…感じだった、…感じだ	▶Grammar Notes 4 Causative Expressions ▶Grammar Bits 3 いろいろな「作る」
Unit 4 Part2	子どもと学校		〜について、〜において、〜として、〜を通して	〜（し）ないと	さらに、逆に言うと	〜わけです、〜と言ってもいいでしょう	
Unit 5 Part1	①助けてもらった経験 ─国を出るとき ②子供の頃の思い出 ─子どもの頃の思い出	もらう、〜てくれる、〜でも（ぼくでも）、〜そう（行けそう）	どれも、それなら				
Unit 5 Part2	社会の変化とわたしたちの生き方		〜とともに、〜として、〜に関係なく				
Unit 6 Part1	①いそがしい毎日とたいへんな生活─たいへんな毎日 ②めんどうな手続き・複雑な書類─たいへんな手続き	〜そう（重そう）、〜ようと思う（理解しようと思う）	〜なら（日本人学生なら）、思ったよりも、何が何だか分からない、何が〜のか、何とか	〜のに	それに、それで	〜つもりだ	
Unit 6 Part2	仕事を始める	〜てしまう	〜（た）ばかり、〜として、〜にとって、〜における、〜を通して	〜（する）ために、〜ても		…ということです、…ことは言うまでもありません、…とは考えないほうがいいです	

Grammar Summary to Unit4-Unit6
A. Grammatical phrases　1.〜について、2.〜において、3.〜として、4.〜を通して、5.〜にとって
B. Subordinate clause structures　1.〜（た）ばかり、2.〜（し）ないと、3.〜ても
Exercise:〜によって、〜によると、〜のために、〜について、〜において、〜として、〜を通して、〜にとって

■ **Unit7-9：働くことと暮らし**

		テーマ	文型	語法・慣用表現	従属節	接続詞	文末表現	
Unit 7	Part1	①教育制度とわたし－歴史と教育制度 ②大学の専門－高校から大学へ	～てくれる（賛成してくれる）	何だか、そう言えば、		それで		
	Part2	会社と個人		～のために、～を通して、～として	～（し）ないと、～ことで、～（する）ために		…と言っていいくらいです、…ことになります	
Unit 8	Part1	①わたしの国の近代史－下田 ②家族の歴史－わたしと外国	聞かせてください、～てある（書いてある）、～ことになる、いらっしゃる、～そう（楽しそう）	～って、分かる？、何とか		それで	…んじゃないですか、…感じだ、…そうです	▶Grammar Bits 4 先輩・後輩・同期
	Part2	働く人としての生き方	重要なことは～ことです	多かれ少なかれ、～（た）ばかり、～ように、～としての、～での、～にあたって、～として、～を通して	～（する）ために、～のではなく	つまり	…わけです	
Unit 9	Part1	①ひどい経験－ひどい一日 ②勉強の仕方－勉強	～てしまう、～ば、疑問詞＋助詞－ばいいか、命令表現（覚えなさい）、～てくれる（言ってくれる）、～ようとしても＜できない＞、～ことにした	～のために、～ばかり、何も		その上に、それに、それで	…ようです（蚊がいたようです）	▶Grammar Notes 5 Volitional Expressions
	Part2	多様な働き方と生き方	～ばいい（学べばいい）	～との、～に関する、～によると、～では、～に関わらず、～以来、～の下に、～での			…ようです	
Grammar Summary to Unit7-Unit9		A. Grammatical phrases 1.～にあたって、2.～に関する、3.～に関わらず、4.～での/～との B. Subordinate clause structures 1.～ことで、2.～ために(は) C. Sentence-ending phrases 1.…ようです、2.…と言ってもいいでしょう/…ことは言うまでもありません/…とは考えないほうがいいです/…と言っていいくらいです						

■ **Unit10-12：外国出身者と日本**

		テーマ	文型	語法・慣用表現	従属節	接続詞	文末表現	
Unit 10	Part1	①誘われた経験－山の会 ②大学時代の勉強と経験－大学時代の勉強と経験	～てある（書いてある）、～ばいい、～ようと思う、～ておく（経験しておく）、～は（乗っていれば）、疑問詞＋助詞－ばいいか（何をすればいいか）	～ばかり、どこにも、～そう（やさしそう）、～だけじゃない（～だけではない）、～のようなもの		それで、逆に	…わけではありません、…思うんです（…思うのです）	▶Grammar Bits 5 ～始める・～続ける・～終わる
	Part2	日本で生きる外国出身者		いわば、～の上に	～なら	そうではなくて	…わけではありません、…でしょう	
Unit 11	Part1	①家や生まれ育った町を出る－町を出る ②移民の歴史と現在－さまざまな人が生きる世界へ	疑問詞～んだろう（なぜ～んだろう、どうなるんだろう）、～てみる、～ようと思う	前に話したように、～だけ、～でも、～というのは（～というのは～だ＜definition＞）、～（する）ための、～のようなもの、何だか	～（する）ために	それで		
	Part2	日本、そして平等な社会	重要な点は～ということだ	～以来、～として、～のようなもの、～としての、～ようとした、～を通して	～のではなく	つまり	…つもりはありません、…ことは言うまでもありません、…ように思います、…見るべきでしょう、…わけです	
Unit 12	Part1	①旅行の話－山登り ②アウトドア活動の思い出－雲取山	～ようと思う（会おうと思う）	思ったより、～たとき以来、～だけ、びっくりするほど、やがて、～にとって		ですので	…だろう、…ようでした	
	Part2	日本の将来	～てくれる（暮らしてくれる）、～てほしいと思う、～になればいい	～以来、～として、～らしい、～にとって、～らしく		つまり	…ことになっています、…ことを期待しています	
Grammar Summary to Unit10-Unit12		A. Grammatical phrases 1.～以来、2.～らしい B. Subordinate clause structures 1.～のではなく C. Sentence-ending phrases 1.…わけではありません/…つもりはありません/…ように思います/…と見るべきでしょう/…ことになっています/…ことを期待しています						

西口（2018a, pp. 174-175）

Section 1

> Study and practice saying the text aloud while listening to the audio. Also, practice questioning and answering using the text.

A. 朝ごはん
あさ

1 リさん  >>> 🔊 no.15

everyday　breakfast　　を indicates object of the action.
　　　　　　　　　│eat
わたしは、毎日、朝ごはんを食べます。
　　　　　まいにち　あさ　　　　た
Watashi wa, mainichi, asagohaN o tabemasu.

always　bread
いつもパンを食べます。
Itsumo paN o tabemasu.

が indicates object of preferences（好きです）, skills（できます, 上手です）, etc.
　　　↑ like
わたしは、パンが好きです。
　　　　　　　　す
Watashi wa, paN ga sukidesu.

usually　　toast
ふつうは、トーストを食べます。
Futsuu wa, toosuto o tabemasu.

sometimes　　croissant　　や is a close equivalent to "or".
　　　　　　　　　　　　│bagle
ときどき、クロワッサンやベーグルを食べます。
Tokidoki, kurowassaN ya beeguru o tabemasu.

　　　　　　　　も is a close equivalent to "also".
　　　　sandwich　↓ prepare
ときどき、サンドイッチも、作ります。
　　　　　　　　　　　　　つく
Tokidoki, saNdoicchi mo, tsukurimasu.

ham　vegetables　　　　love
ハムと野菜のサンドイッチが大好きです。
　　　やさい　　　　　　　だい
Hamu to yasai no saNdoicchi ga daisukidesu.

salad　fruits　　　a lot
サラダとフルーツも、たくさん食べます。
Sarada to furuutsu mo, takusaN tabemasu.

and　　orange juice　　　　drink
そして、いつもオレンジジュースを飲みます。
　　　　　　　　　　　　　　　　の
Soshite, itsumo orenji juusu o nomimasu.

(black) tea　　　　tea with milk
紅茶も、飲みます。ミルクティーが好きです。
こうちゃ
Koocha mo, nomimasu.　Mirukuthii ga sukidesu.

32

2 西山先生
にしやませんせい

>>>>>>>>>>>>>>>>>>>>>>>>>>>>>>>>>>>>>> no.16

everyday breakfast
わたしは、毎日、朝ごはんを食べます。
まいにち あさ た
Watashi wa, mainichi, asagohaN o tabemasu.

usually   rice   sometimes   bread
たいてい、ごはんを食べます。ときどき、パンを食べます。
Taitee, gohaN o tabemasu.   Tokidoki, paN o tabemasu.

when I eat rice   fish   egg   dried seaweed
ごはんのときは、魚とたまごとのりも、食べます。
さかな
GohaN no toki wa, sakana to tamago to nori mo, tabemasu.

and   miso soup
そして、みそしるを飲みます。
の
Soshite, misoshiru o nomimasu.

わたしは、魚が大好きです。さしみも、好きです。
だい す
Watashi wa, sakana ga daisukidesu.   Sashimi mo, sukidesu.

grilled fish
焼き魚も、好きです。すしも、大好きです。
や ざかな
Yakizakana mo, sukidesu.   Sushi mo, daisukidesu.

when I eat bread   coffee   milk   salad
パンのときは、パンとコーヒーと牛乳とサラダです。
ぎゅうにゅう
PaN no toki wa, paN to koohii to gyuunyuu to sarada desu.

yogurt
ときどき、ヨーグルトも、食べます。
Tokidoki, yooguruto mo, tabemasu.

わたしは、コーヒーが大好きです。
Watashi wa, koohii ga daisukidesu.

when I eat breakfast
朝ごはんのときは、いつも、コーヒーを飲みます。
AsagohaN no toki wa, itsumo, koohii o nomimasu.

two or three times a day
そして、1日に2・3回、コーヒーを飲みます。
にち かい
Soshite, ichinichi ni ni-saNkai, koohii o nomimasu.

を is usually replaced with は in negative sentences.
(black)tea ↑   I don't really like
紅茶は、飲みません。紅茶は、あまり好きではありません。
こうちゃ
Koocha wa, nomimaseN.   Koocha wa, amari sukidewaarimaseN.

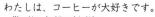

33

参考文献

* 翻訳書で原著が1975年以前に出版あるいは執筆されたものについては、「※」で原著出版年あるいは原著執筆年を記載しました。
* 以下にあるバフチン(1980)とバフチン(1989)と Vološinov(1973)は、同じロシア語原典からの翻訳です。本書では、2つの邦訳の内の前者を参照しています。
* 『多文化社会と留学生交流』所収の西口論文は、大阪大学リポジトリ(「大阪大学リポジトリ」または「OUKA」で検索)から入手することができます。

邦文

ヴィゴツキー, L. S.(2001)『新訳版　思考と言語』柴田義松訳、新読書社　※原著出版は1934年

ウィトゲンシュタイン, L.(1976)『ウィトゲンシュタイン全集8　哲学探究』藤本隆志訳、大修館書店　※原著出版は1953年

大関浩美編著(2015)『フィードバック研究への招待―第二言語習得とフィードバック』くろしお出版

奥村三菜子他編(2016)『日本語教師のための CEFR』くろしお出版

カッシーラー, E.(1989)『シンボル形式の哲学1　言語』生松敬三・木田元訳、岩波書店　※原著出版は1923年

カッシーラー, E.(1997)『人間―シンボルを操るもの』宮城音弥訳、岩波書店　※原著出版は1944年

百済正和・西口光一(2019)「ポストメソッド時代の言語教育デザイン―応用言語学の視点と原理に基づく言語教育」佐藤慎司編『コミュニケーションとは何か―ポスト・コミュニカティブ・アプローチ』くろしお出版

クリステヴァ, J.(1983)『記号の解体学―セメイオチケ1』原田邦夫訳、せりか書房　※原著出版は1969年

黒崎宏(1997)『言語ゲーム一元論―後期ウィトゲンシュタインの帰結』勁草書房

黒田亘編(2000)『ウィトゲンシュタイン・セレクション』平凡社

国際交流基金・日本国際教育支援協会編著(2002)『日本語能力試験 出題基準　改訂版』凡人社

国際文化フォーラム編（2013）『外国語学習のめやす』 公益社団法人国際文化
　　フォーラム（<https://www.tjf.or.jp/wp-content/uploads/2019/08/02
　　meyasu2012_final.pdf> で PDF 版が入手可能）
ジマーマン, B. J.・シャンク, D. H.（2006）『自己調整学習の理論』塚野州一編訳、
　　北大路書房
ソシュール, F.（1972）『一般言語学講義』 小林英夫訳、岩波書店　※原著出版は
　　1916年
西口光一（1995）『日本語教授法を理解する本　歴史と理論編―解説と演習』バベ
　　ルプレス
西口光一（2011）『新装版　基礎日本語文法教本』アルク
西口光一（2012a）『NEJ: A New Approach to Elementary Japanese― テーマで学
　　ぶ基礎日本語』vol. 1 & vol. 2（英語版）、くろしお出版
西口光一（2012b）『NEJ　指導参考書』くろしお出版
西口光一（2013）『第二言語教育におけるバフチン的視点―第二言語教育学の基盤
　　として』くろしお出版
西口光一（2014）「総合中級日本語のカリキュラム・教材開発のスキーム」『多文
　　化社会と留学生交流』第18号, pp. 77-85.
西口光一（2015a）『対話原理と第二言語の習得と教育―第二言語教育におけるバ
　　フチン的アプローチ』くろしお出版
西口光一（2015b）「基礎第二言語教育における言葉と自己―自己表現活動中心の
　　基礎日本語教育の実践」佐藤慎司他編『未来を創ることばの教育をめざし
　　て―内容重視の批判的言語教育の理論と実践』ココ出版
西口光一（2016a）「調和のある創造的で優れた教育を実践するための教育実践ガ
　　イドライン」『多文化社会と留学生交流』第20号, pp. 65-73.
西口光一（2016b）「第二言語教育における言語と文化についての社会文化論的視
　　点―『個の文化』論をきっかけとして」三牧陽子他編『インターカルチュラ
　　ル・コミュニケーションの理論と実践』くろしお出版
西口光一（2017a）「表現活動と表現活動主導の第二言語教育」『多文化社会と留学
　　生交流』第21号, pp. 37-45.
西口光一（2017b）「コミュニカティブ・アプローチの超克―基礎日本語教育のカ
　　リキュラムと教材開発の指針を求めて」Web 版『リテラシーズ』20, pp. 12-
　　23.<http://www.intersc.tsukuba.ac.jp/~kyoten/symposium/20170910_
　　shiryo/05nishiguchi02.pdf>
西口光一（2017c）「システム論の観点から見た日本語教育の課題―日本の大学に
　　おける日本語教育の状況を中心に」『日中言語研究と日本語教育』10号,
　　pp. 37-49.

西口光一（2018a）『NIJ: A New Approach to Intermediate Japanese—テーマで学ぶ中級日本語』くろしお出版

西口光一（2018b）「人間学とことば学として知識社会学を読み解く—第二言語教育学のためのことば学の基礎として」『多文化社会と留学生交流』第22巻, pp. 1-11.

西口光一（2018c）「学習言語事項からの解放と自己表現活動への移行は何を意味するか—自己表現活動中心の基礎日本語教育とKrashenの入力仮説」『多文化社会と留学生交流』第22巻, pp. 67-76.

西口光一（2018d）「言語教育におけるナラティブ主義とヴィゴツキーとバフチン」『ヴィゴツキー学』別巻第5号, pp. 97-104.

西口光一（2020）「そのモノ、多面的につき、取扱注意！」青木直子・バーデルスキー, M. 編『日本語教育の新しい地図—専門知識を書き換える』ひつじ書房

西本有逸（2007）「『心内化』再考」『ヴィゴツキー学』第8巻, pp. 25-31.

日本語教育学会編（1982）『日本語教育事典』大修館書店

日本語教育学会編（2005）『新版　日本語教育事典』大修館書店

バフチン, M. M.（1980）『言語と文化の記号論—マルクス主義と言語の哲学』北岡誠司訳、新時代社　※原著出版は1929年

バフチン, M. M.（1988a）「ことばのジャンル」バフチン, M. M.（1988）『ことば　対話　テキスト』新谷敬三郎他訳、新時代社　※原著執筆は1952-53年

バフチン, M. M.（1988b）「人文科学方法論ノート」バフチン, M. M.（1988）『ことば　対話　テキスト』新谷敬三郎他訳、新時代社　※原著出版は1974年

バフチン, M. M.（1989）『マルクス主義と言語哲学—言語学における社会学的方法の基本的問題』桑野隆訳、未來社　※原著出版は1929年

バフチン, M. M.（1995）『ドストエフスキーの詩学』望月哲男・鈴木淳一訳、筑摩書房　※原著出版は1963年

バフチン, M. M.（1996）『小説の言葉』伊東一郎訳、平凡社　※原著執筆は1934-35年

丸山圭三郎（1981）『ソシュールの思想』岩波書店

メルロ＝ポンティ, M.（1967）『知覚の現象学1』竹内芳郎・小木貞孝訳、みすず書房　※原著出版は1945年

英文

Anderson, J. R.（1983）*The Architecture of Cognition*. Cambridge, MA: Harvard University Press.

Bakhtin, M. M.（1986）*Speech Genres and Other Late Essays*. McGee, V. W.（trans.）, Emerson, C. and Holquist, M.（eds.）. Austin, Texas: University of Texas

Press. ※原著執筆は1952-53年

Brown, H. D. (1980) *Principles of Language Learning and Teaching*. Englewood Cliffs, NJ: Prentice-Hall.

Brumfit, C. J. (1980) *Problems and Principles in English Teaching*. Oxford: Pergamon Press.

Byrne, D. (1976) *Teaching Oral English*. London: Longman.

Canale, M. (1983) From communicative competence to communicative language pedagogy. In Richards, J. C. and Schmidt, R. W. (eds.) (1983) *Language and Communication*. London: Longman.

Canale, M. and Swain, M. (1980) Theoretical bases of communicative approaches to second language teaching and testing. *Applied Linguistics* 1: 1-47.

Council of Europe (2001) *Common European Framework of Reference for Languages: Learning, Teaching, Assessment*. Cambridge: Cambridge University Press. 吉島茂他訳・編(2004)『外国語の学習、教授、評価のためのヨーロッパ共通参照枠』朝日出版社

Ellis, R. (1990) *The Study of Second Language Acquisition*. Oxford: Oxford University Press.

Ellis, R. (2008) *The Study of Second Language Acquisition* (Second Edition). Oxford: Oxford University Press.

Gee, J. P. (1999) *An Introduction to Discourse Analysis: Theory and Method*. London: Routledge.

Gergen, K. J. and Gergen, M. (2010) *Social Construction: Entering the Dialogue*. Taos Institute Publication. 伊藤守監訳(2018)『現実はいつも対話から生まれる―社会構成主義入門』ディスカヴァー・トゥエンティワン

Hall, J. K. (1995) (Re)creating our worlds with words: A sociohistorical perspective of face-to-face interaction. *Applied Linguistics* 16: 206-232.

Hall, J. K. (2001) *Methods for Teaching Foreign Languages: Creating a Community of Learners in the Classroom*. Upper Saddle River, NJ: Prentice Hall.

Holland, D., Lachicotte Jr., W., Skinner, D. and Cain, C. (1998) *Identity and Agency in Cultural Worlds*. Cambridge, MA: Harvard University Press.

Holquist, M. (1981) Glossary. Holquist, M. (ed.) (1981), *The Dialogic Imagination: Four Essays by M. M. Bakhtin*. Austin, TX: University of Texas Press.

Holquist, M. (1990) *Dialogism: Bakhtin and His World*. London: Routledge. 伊藤誓訳(1994)『ダイアローグの思想―ミハイル・バフチンの可能性』法政大学出版局

Krashen, S. (1981) *Second Language Acquisition and Second Language Learning*. Oxford:

Pergamon Press.

Krashen, S. (1982) *Principles and Practice in Second Language Acquisition*. Oxford: Pergamon Press.

Krashen, S. (1985) *The Input Hypothesis: Issues and Implications*. London: Longman.

Krashen, S. and Terrell, T. (1983) *The Natural Approach: Language Acquisition in the Classroom*. Oxford: Pergamon Press.

Lave, J. (1988) *Cognition in Practice: Mind, Mathematics and Culture in Everyday Life*. New York: Cambridge University Press. 無藤隆他訳(1995)『日常生活の認知行動 ―ひとは日常生活でどう計算し、実践するか』新曜社

Linell, P. (2009) *Rethinking Language, Mind, and World Dialogically: Interactional and Contextual Theories of Human Sense-making*. Charlotte, NC: Information Age Publishing.

Marton, W. (1988) *Methods in English Language Teaching: Frameworks and Options*. London: Prentice Hall.

Newman, D., Griffin, P. and Cole, M. (1989) *The Construction Zone: Working for Cognitive Change in School*. Cambridge: Cambridge University Press.

Newmark, L. (1966) How not to interfere with language learning. *International Journal of American Linguistics* 32: 77-83.

Newmark, L. and Reibel, D. A. (1968) Necessity and sufficiency in language learning. *International Review of Applied Linguistics in Language Teaching* 6: 145-164.

Nishiguchi, K. (2017) Sociocultural and dialogical perspectives on language and communicative activity for second language education. *Journal of Japanese Linguistics* 33: 5-13.

Omaggio, A. M. (1986) *Teaching Language in Context*. Boston, MA: Heinle and Heinle.

Reibel, D. A. (1969) Language learning analysis. *International Review of Applied Linguistics in Language Teaching* 7: 283-294.

Rivers, W. M. (1964) *The Psychologist and the Foreign Language Teacher*. Chicago: University of Chicago Press.

Rivers, W. M. (1981) *Teaching Foreign-Language Skills* (Second Edition). Chicago: University of Chicago Press.

Scarcella, R. C. and Oxford, R. L. (1992) *The Tapestry of Language Learning: The Individual in the Communicative Classroom*. Boston, MA: Heinle and Heinle. 牧野高吉監訳、菅原永一他訳(1997)『第2言語習得の理論と実践―タペストリー・アプローチ』松柏社

Slobin, D. I. (2000) Verbalized events: A dynamic approach to linguistic relativity and determinism. In Niemeier, S. and Dirven, R. (eds.) (2000) *Evidence for Linguistic Relativity*. Amsterdam and Philadelphia: John Benjamins.

Stevick, E. W. (1976) *Memory, Meaning and Method: Some Psychological Perspectives on Language Learning*. Rowley, MA: Newbury House.

Stevick, E. W. (1982) *Teaching and Learning Languages*. Cambridge: Cambridge University Press.

Strevens, P. (1977) *New Orientations in the Teaching of English*. Oxford: Oxford University Press.

Strevens, P. (1980) *Teaching English as an International Language: From Practice to Principle*. Oxford: Pergamon Press.

van Lier, L. (2004) *The Ecology and Semiotics of Language Learning: A Sociocultural Perspective*. Springer. 宇都宮裕章訳(2009)『生態学が教育を変える―多言語社会の処方箋』ふくろう出版

Vološinov, V. N. (1973) *Marxism and the Philosophy of Language*. Matejka, L. and Titunik, I. R. (trans.). Cambridge, MA: Harvard University Press. ※ロシア語原著出版は1929年

Vygotsky, L. S. (1978) *Mind in Society: The Development of Higher Psychological Processes*. Cole, M., John-Steiner, V., Scribner, S. and Souberman, E. (eds.). Cambridge, MA: Harvard University Press. ※原著執筆は1930-35年

Widdowson, H. G. (1983) *Learning Purpose and Language Use*. Oxford: Oxford University Press.

Widdowson, H. G. (1984) *Explorations in Applied Linguistics 2*. Oxford: Oxford University Press.

Wilkins, D. A. (1976) *Notional Syllabuses*. Oxford: Oxford University Press. 島岡丘訳注(1984)『ノーショナル シラバス―概念を中心とする外国語教授法』桐原書店/オックスフォード

Winitz, H. (ed.) (1981) *The Comprehension Approach to Foreign Language Instruction*. Rowley, MA: Newbury House.

Winitz, H. and Reeds, J. (1975) *Comprehension and Problem Solving as Strategies for Language Training*. The Hague: Mouton.

Zimmerman, B. J. (1986) Development of self-regulated learning: Which are the key subprocesses? *Contemporary Educational Psychology*, 11: 307-313.

英語人名索引

事項索引

［著者紹介］

西口　光一（にしぐち こういち）

大阪大学国際教育交流センター教授、同大学院言語文化研究科兼任、博士（言語文化学）。
専門は日本語教育学、言語心理学、言語哲学。国際基督教大学大学院教育学研究科博士前期課程
修了（教育学修士）。アメリカ・カナダ大学連合日本研究センター講師、ハーバード大学言語文化
部上級日本語課程主任を経て、現職。
著書に『第二言語教育におけるバフチン的視点－第二言語教育学の基盤として』（くろしお出版）、
『対話原理と第二言語の習得と教育－第二言語教育におけるバフチン的アプローチ』（くろしお出
版）、『文化と歴史の中の学習と学習者』（編著、凡人社）、『日本語教授法を理解する本－歴史と理
論編』（バベルプレス）、『ことばと文化を結ぶ日本語教育』（共著、凡人社）など。日本語教科書とし
ては、『NEJ：A New Approach to Elementary Japanese－テーマで学ぶ基礎日本語』（くろしお
出版）、『NIJ：A New Approach to Intermediate Japanese－テーマで学ぶ中級日本語』（くろしお
出版）、『基礎日本語文法教本』（アルク）、『みんなの日本語初級 漢字』（監修、スリーエーネット
ワーク）、『例文で学ぶ 漢字と言葉 N2』（スリーエーネットワーク）、『日本語 おしゃべりのたね』
（監修、スリーエーネットワーク）、『Perfect Master Kanji N2』（凡人社）など。

新次元の日本語教育の理論と企画と実践

──第二言語教育学と表現活動中心のアプローチ──

2020年7月9日　第1刷発行

著　者　　西口光一

発行人　　岡野秀夫

発行所　　株式会社　くろしお出版
〒102-0084　東京都千代田区二番町4-3
電話：03-6261-2867　FAX：03-6261-2879　WEB：www.9640.jp

装　丁　　折原カズヒロ
イラスト　村山宇希（ぽるか）
印刷所　　シナノ書籍印刷

©Koichi Nishiguchi 2020, Printed in Japan
ISBN 978-4-87424-840-9 C3081
本書の全部または一部を無断で複製することは、著作権法上での例外を除き禁じられています。

日本語教材

NEJ: A New Approach to Elementary Japanese ＜vol.1＞
テーマで学ぶ基礎日本語

B5判　224頁（別冊64頁）　本体1,900円＋税

英語版　978-4-87424-550-7
中国語版　978-4-87424-591-0
ベトナム語版　978-4-87424-626-9

自己表現活動中心の基礎（初級）日本語教科書。「マスターテキスト（各ユニットのテーマについての話）」を覚え、それをモデルに自分の話をするというアプローチを用いた画期的プログラム。マスターテキストを習熟するに従い、初級の文法文型・語彙も習得できる。日本語能力試験N4レベル。

NEJ: A New Approach to Elementary Japanese ＜vol.2＞
テーマで学ぶ基礎日本語

B5判　192頁（別冊64頁）　本体1,900円＋税

英語版　978-4-87424-562-0
中国語版　978-4-87424-605-4
ベトナム語版　978-4-87424-627-6

『NEJ』の第2巻。「マスターテキスト」を習熟し、それをモデルに自分の話をすると同時に文法や語彙が身につく。初級後半の文法を用い、さらに複雑な内容の話ができるようになることを目指す。日本語能力試験N4レベル。

NEJ　指導参考書

B5判　150頁　本体3,200円＋税　音声CD&CD-ROM付　978-4-87424-563-7

『NEJ』vol.1, vol.2で基礎日本語を教えるための指導参考書。段階的な指導上のポイントや教え方のコツ、質疑応答の例など、理論から実践まで丁寧に解説。音声（CD）とイラスト集（CD-R）付。

NIJ: A New Approach to Intermediate Japanese
テーマで学ぶ中級日本語

B5判　200頁（別冊40頁）　本体2,200円＋税　978-4-87424-775-4

『NEJ』に続く、初中級・中級総合日本語教科書。学習者同士で話し合う、エッセイを書くなど、テーマを巡る豊かな自己表現活動を通して、無理なく楽しく中級日本語へ。テーマ主導・自己表現活動中心のカリキュラムで日本語能力試験N3レベルへの到達を目指す。ユニット対応の漢字・漢字語が学べる別冊「漢字と言葉」付き。

言語習得専門書

第二言語教育におけるバフチン的視点
第二言語教育学の基盤として

A5 判　248 頁　本体 2,800 円＋税　978-4-87424-604-7

「存在するということ ─ それは対話的に接触交流するということなのだ」（バフチン）。第二言語教育とその研究のためにバフチンは欠かすことができない。外国語教育学研究者におくる知的興奮。

対話原理と第二言語の習得と教育
第二言語教育におけるバフチン的アプローチ

A5 判　248 頁　本体 2,600 円＋税　978-4-87424-682-5

バフチンの対話原理を本格的に追究し、これまでとは異なる代替的な言語観とそれに基づく新たな第二言語の習得と教育の原理を提示する。また、原理に準じた形でのカリキュラムや教材の企画、実践の構成法の提案を行う。